1日3分から。
燃やす! 痩せる! 引き締める!

おうち *de* シェイプ
AYAトレ
100

AYA

KODANSHA

　今回AYAがこの本で提案するのは、"100日チャレンジ"プログラム。トレーニングで何より難しいのは、継続すること。これは、過去、私自身も実感しています。でも、動かない日が続くと、それがクセになってしまう。そこでたとえば、100日、と決めて集中してトレーニングすることにチャレンジしてみてほしいのです。

　飽きずに続けられるように、ゲーム感覚で楽しめる構成にしました。1ステージ10のワークアウトメニューで構成されているので、1日1メニューという無理ないペースで進められます。最初は1メニュー3分ほど。もちろん、ステージが進むにつれて、ワークアウトの強度がだんだん上がって、時間も長くなり、クリアするのが難しくなっていきます。ステージのボスを倒す！　そんな感覚で楽しみながら攻略していければ、トレーニングへのモチベーションが上がると思います。用意した10ステージは、AYAからみなさんへの挑戦状！　ぜひ、受け取って、全ステージクリアを目指してください。

　100日間で完結するプログラムを作りましたが、必ずしも100日連続で行わなくてもいいんです。3日続けたら1日休む、など自分が続けられるペースを見つけて。「このステージをクリアした」という達成感を味わい、自信につなげましょう。そして、全ステージをクリアしたら、ファーストステージに戻ってみてください。驚くほどラクにできるようになっていて、フィットネスレベルが上がったことが実感できます。途中でくじけそうになる瞬間もくると思います。でも、あなたのAYAがついていることを忘れないで。すべてのステージをクリアした時にしか見えない景色を一緒に見ましょう！

CONTENTS

RULE **1**

有酸素運動×
無酸素運動（筋トレ）
のミックス

美筋メイクできる筋トレ（Work Out）と、脂肪燃焼効果を促す有酸素運動（Cardio）を組み合わせることで、短時間でも効率のよいトレーニング効果を得られるのがAYAトレの特徴です。ターゲットにする箇所が異なる筋トレ同士を組み合わせている日もあり、全身をバランスよくボディメイクできます。ジャンプ系の有酸素運動を室内でできない、という人は、ランニングに置き換えてもOKです。

RULE **2**

毎回、違うメニュー

1日2〜3種目を、さまざまなバリエーションで組み合わせています。種目、時間、回数が毎回違うので、飽きることなくトレーニングを続けられるはずです。

RULE **3**

正しいフォームで行う

トレーニングの効果を上げるためにもっとも重要なのは、正しく行うこと。腕立て伏せや腹筋など、やったことがあったり簡単そうに見えたりする種目こそ、基本がおろそかになりがち。初心者はもちろん、経験者も、この本や動画で、腕や脚、重心の位置は正しいか、フォームをひとつひとつチェックしながら行ってください。正しいフォームで行ってこそ、故障せずに続けられます。

RULE **4**

ダラダラしないで
限界に挑戦

ダラダラやっても、効果は上がりません。この本で提案するのは、1日3分間から、いちばんハードでも18分間のメニュー。一気に集中して、持っているMAXの力を出し切ってみましょう。気持ちいいですよ！朝でも夜でも、自分が続けやすい時間帯でOK。

RULE 5

ウェアとシューズは
動きやすいものを選ぶ

ゆったりしたリラックスウェアでは
なく、動きを妨げないフィット感の
あるウェアで行いましょう。また滑
りやすくなるのでソックスではな
く、裸足かワークアウト用シューズ
で行ってください。

RULE 6

ストップウォッチ、
タオル、水を用意

時間指定をしているメニューがあり
ますので、ストップウォッチを用意
しましょう。スマホの時計機能やア
プリでOK。仰向けになるワークア
ウトもあるのでマットがあるとベ
ターですが、ない場合はタオルを敷
いても。汗をかくので水分補給を忘
れずに。ウエイト代わりにペットボ
トルを使用するメニューもあります
ので、始める前にチェックして。

RULE 7

キツすぎると感じたら
ムリせずに

この本のワークアウトメニューが
「キツすぎる！」と感じる人もいる
かもしれません。でも最初は誰でも
そうなので大丈夫。時間の指定があ
るメニューは自分のペースで。回数
の指定があるメニューがキツくて
どうしてもできない場合は、回数を
減らしてもよいので、最後まで続け
てみて。動画を見ながらAYAと一緒
に行うとキツいという人も、自分の
ペースにダウンしましょう。ムリせ
ず続けて、運動を習慣にすることが
肝心。　同じメニューにまたトライ
してみて、少しでも回数を増やせた
り、余裕をもって終われたら、成長で
きている証拠です。

YOU CAN MAKE IT!

今日のメニュー

この日のトレーニングメニューです。毎日異なる種目の組み合わせ方や回数、時間が指示されています。マークの見方はp.7を参照してください。チャレンジした日を記入するスペースもあります。

QRコード

スマホやタブレットからこの日のメニューの動画にアクセスできます（無料）。AYAのお手本を見ながらチャレンジ！ 動画にパソコンからアクセスする方はこちらから。
→ http://www.k-editorial.jp/mov/aya100/

有酸素運動

白地にカラーの英字で示されている種目は有酸素運動（Cardio）です。息が切れてキツイですが、脂肪を燃やしている証拠と思って頑張って！ ジャンプ系の種目は、故障を防ぐためにも、小さく静かに着地することを意識しましょう。

筋トレ

カラー地に白い英字で示されている種目は筋トレ（Work Out）です。ターゲットにしているパーツも示されているので、とくにその箇所の筋肉を使っていることを意識しながら動いてみましょう。

＊重心を安定させるためやウエイト代わりにペットボトルを使う種目があります。AYAは2ℓペットボトルを使っていますが、重くてキツいようでしたら中の水を減らして調節を。あるいは750㎖や1ℓなど、自分に合ったペットボトルでチャレンジしてみましょう。
＊仰向けに寝て行う種目がありますが、あればヨガやフィットネス用マットを敷くのがオススメです。

AYAトレメニューのマークの見方

REPS

指定回数繰り返す(=repeat)。「10REPS」とあったら、10回繰り返し。

rounds of :

指定の種目の組み合わせを指定回数繰り返す。「3 rounds of:A＋B」とあったら、AとBのセットを3ラウンド繰り返し。

AMRAP

指定の時間で、できる限りの回数(=as many round as possible)行う。「3 min AMRAP:A＋B」とあったら、AとBのセットを3分でできる限りの回数行う。

EMOM

Every Minute On Minuteの意味。1分以内に指定の種目を終わらせて、残った時間は休憩。つまり、早く終えるほど休憩時間を増やせるということ。「6 min EMOM:A＋B」とあったら、AもBもそれぞれ1分以内に終えて残りの時間は休憩。これで2分なので、さらにこれを2セットで6分。

Sets

指定の種目を指定回数ずつ行って1セットとする。「Sets 30-20-10:A＋B」は、AとBそれぞれ30回ずつで1セット→20回ずつで1セット→10回ずつで1セット。

sec　min

指定の種目を指定の秒数、あるいは分数行う。「30sec」とあったら30秒間、「1 min」とあったら1分間行う。

REST ●min b/t sets

複数の種目のセットの間(b/t=between)に●分の休憩。REST 1min30 b/t setはセットの間に1分半休憩。

sec ON / sec REST

指定の種目を指定の秒数行ったあと指定の秒数休憩する。「30sec ON/15sec REST」とあったら、指定の種目を30秒行って15秒休憩。

1st STAGE

ステージ1

MISSION

ダイエットのスタートは、
明日ではなく今日から

MESSAGE FROM AYA

この本を手に取って、開いたこの日こそが、あなたの記念すべきダイエットファーストデイ！　せっかく今日、今この瞬間から始められるのに、「明日からでもいいかな」と引き延ばしてしまったら、もう永遠に始める日は訪れません。今日から100日後に出会える素敵なあなたを思い描き、ダイエットへの気持ちに火をつけて。さあ、初めの一歩を踏み出しましょう！

年　　　月　　　日

▽ 3 rounds of : A + B

A Butt Kick
バット・キック

20 REPS

リズミカルにヒップをキック、キック、キック!

1

2

3

1.
両手を腰に当てて
まっすぐに立つ。

2.
片足で軽く跳ねながら
反対足かかとで
お尻をタッチ。

3.
反対も同様に。
これを繰り返す。
右で1回、
左で1回とカウント。

B Rockies
ロッキース

20 REPS

▼
腹筋&
ウエスト

くびれを目指し、ひねってひねって!

準備するもの：2ℓペットボトル×1本

1

2

3

膝を立てて座り、脚を浮かせる。
ペットボトルを
両手ではさむように持つ。

ひじを張り、
顔と足先は正面のまま、
腰を右にツイスト。

左にツイスト。右にひねって1
回、左にひねって1回とカウント。
キツければ水の量を減らしても。

DAY **2**

年　　　月　　　日

⏱ 3min AMRAP： A ＋ B

A | Star Jump
スター・ジャンプ

15 REPS

> 必要なのは、高さではなくリズム感！

1.
足同士をつけて
まっすぐ立つ。
両手は太ももの横に。

2.
ひじを曲げ
手のひらを正面に向けて
上げるのと同時に、
足を開きながら
小さくジャンプして着地。

3.
小さく跳んで
1の基本姿勢に戻り、
ふたたびジャンプ。

B | Good Morning
グッド・モーニング

8 REPS

▼
脚&ヒップ

> もも裏からお尻を気持ちよくストレッチ

1
足を肩幅に開いて立ち、
両手を耳の横に。

2
顔は正面のまま
お尻を引く。

3
そのままおじぎを
するように、上体を
深く倒していく。

4
1の姿勢に戻って
繰り返す。

DAY **3**

年　　　　　月　　　　　日

▽▽ 2 rounds of： A ＋ B　2 rounds of： A ＋ C

A

Butt Kick
バット・キック

20 REPS

1.両手を腰に当ててまっすぐに立つ。2.片足で軽く跳ねながら反対足かかとでお尻をタッチ。3.反対も同様に。これを繰り返す。右で1回、左で1回とカウント。

B

Glute Bridge
グルート・ブリッジ

▼
脚&ヒップ　8 REPS

1

2

1.仰向けになり、踏ん張りやすいポジションで両膝を立てる。 2.腰が反らないようお尻の穴を締めながら、ヒップを限界まで上げる。ヒップを下ろしてすぐ、ふたたび上げる。

C

Reverse Lunge
リバース・ランジ

▼
脚&ヒップ

8 REPS

上体はまっすぐ！

1
手を腰に当て、
まっすぐ立つ。

2
右脚を大きく引いて、
膝を曲げて床につける。

3
1に戻る。

4
今度は左脚を引いて戻る。
右で1回、左で1回とカウント。

12

DAY

年　　　月　　　日

 4 rounds of： **A** + **B**

A

Air Squat
エア・スクワット

20 sec ON / **10** sec REST

▼
脚&ヒップ

脂肪燃焼効果アップ筋トレ
の代表格

1 　　　　　　**2** 　　　　　　**3**

1.肩幅に足を開き、ややお尻を後ろに突き出すように立つ。2.手を斜めに上げて、さらにお尻を突き出していく。
3.どんどんお尻を落とし、膝の高さより下にくるまでしゃがんだら1に戻る。

B

Push Up
プッシュ・アップ

20 sec ON / **10** sec REST

▼
二の腕
&背中

腕立て伏せは脇を締めるのがポイント

1
腕立ての姿勢に。
手をつく位置は
肩の真下。

2
脇を締めたまま
ひじを引き、
胸を床につける。

3
手のひらで床を押し、
ひじを伸ばして
腹筋を使い、1に戻る。

年　　　　月　　　　日

≡ Sets 21-15-9： A + B

A
Front Back Lunge
フロント・バック・ランジ

▼
脚&ヒップ

上半身はブレないようまっすぐキープ！

1
両手を腰に当て
まっすぐ立つ。

2
右足を踏み出し
腰を落とす。
左脚は床につける。

3
右足で床を押して
立ち上がる。

4
そのまま右膝を後ろで床につける。
1 に戻って左足も同様に。
右で 1 回、左で 1 回とカウント。

B
Sit Up
シット・アップ

▼
腹筋

足裏をつけて、ダイレクトにお腹を刺激

準備するもの：バスタオル

1
仰向けになり、腰の隙間に
バスタオルを敷く。腕を上げて、
足裏同士をつける。

2
腕の反動を使い、
つま先をめがけて
上体を起こす。

3
完全に起き上がり、
つま先にタッチ。
1 に戻って繰り返す。

DAY

年　　　月　　　日

⏱ 6 min EMOM : A + B

A

Mountain Climber
マウンテン・クライマー

20 REPS

腕立ての体勢で山を駆け上がるイメージ

1
腕立ての姿勢からスタート。
手は肩の真下で、
顔は正面を向く。

2
弾みをつけて
右足で軽く床を蹴って
膝を前に出し着地。

3
右足を戻すと同時に
左膝を前に出して足を入れ替える。
右で1回、左で1回とカウント。
リズミカルに繰り返す。

B

Lunge Knee Raise
ランジ・ニー・レイズ

12 REPS

▼
脚&ヒップ

上体はまっすぐ、フラつかないように！

1
両手を腰に当てて
直立。

2
右膝を高く上げる。
上体はブレないように。

3
右脚を後ろに引き、
膝を床につける。
左膝はつま先より
前に出ない。

4
右足で床を蹴って
立ち上がり1に戻る。
左足も同様に。右で1回、
左で1回とカウント。

A ── Butt Kick
バット・キック

20 REPS

1.両手を腰に当ててまっすぐに立つ。2.片足で軽く跳ねながら反対足かかとでお尻をタッチ。3.反対も同様に。これを繰り返す。右で1回、左で1回とカウント。

B ── Rockies
ロッキース

▼
腹筋
&ウエスト

20 REPS

準備するもの：2ℓペットボトル×1本

1.膝を立てて座り、脚を浮かせる。ペットボトルを両手ではさむように持つ。2.ひじを張り、顔と足先は正面のまま、腰を右にツイスト。3.左にツイスト。右にひねって1回、左にひねって1回とカウント。キツければ水の量を減らしても。

C ── Worm Raise
ワーム・レイズ

20 REPS

▼
腹筋
&ヒップ

毛虫の動きをイメージして、お尻をUP&DOWN

1
うつ伏せでひじをつき、つま先立ちに。お腹が落ちないように。

2
お尻を自分の限界まで突き上げる。

3
お尻とお腹を引き締めたままダウン。腰が反らないよう注意。

DAY

▽ 3 rounds of： A + B + C

A

Star Jump
スター・ジャンプ

30 sec ON / 15 sec REST

1．足同士をつけてまっすぐ立つ。両手は太ももの横に。2．ひじを曲げ手のひらを正面に向けて上げるのと同時に、足を開きながら小さくジャンプして着地。小さく跳んで1の基本姿勢に戻り、ふたたびジャンプ。

B

Revers Lunge
リバース・ランジ

▼
ヒップ

30 sec ON / 15 sec REST

1．手を腰に当て、まっすぐ立つ。2．右脚を大きく引いて、膝を曲げて床につける。3．1に戻る。4．今度は左脚を引いて戻る。右で1回、左で1回とカウント。

C

Push Up
プッシュ・アップ

▼
二の腕
＆背中

30 sec ON / **15** sec REST

1
腕立ての姿勢に。
手をつく位置は
肩の真下。

2
脇を締めたまま
ひじを引き、
胸を床につける。

3
手のひらで床を押し、
ひじを伸ばして
腹筋を使い、1に戻る。

A Good Morning
グッド・モーニング

▼
脚&ヒップ

目線は正面のまま

1
足を肩幅に開いて立ち、両手を耳の横に。

2
顔は正面のままお尻を引く。

3
そのままおじぎをするように、上体を深く倒していく。

4
1の姿勢に戻って繰り返す。

B Sit Up
シット・アップ

▼
腹筋

上体は90度以上に起こす!

準備するもの:バスタオル

1
仰向けになり、腰の隙間にバスタオルを敷く。腕を上げて、足裏同士をつける。

2
腕の反動を使い、つま先をめがけて上体を起こす。

3
完全に起き上がり、つま先にタッチ。1に戻って繰り返す。

DAY **10**

年　　月　　日

2 rounds of : 3min AMRAP : Ⓐ ＋ Ⓑ ＋ Ⓒ
REST 1min30 b/t sets

A Mountain Climber
マウンテン・クライマー

20 REPS

両足を素早くスイッチ!

1
腕立ての姿勢からスタート。
手は肩の真下で、
顔は正面を向く。

2
弾みをつけて
右足で軽く床を蹴って
膝を前に出し着地。

3
右足を戻すと同時に
左膝を前に出して足を入れ替える。
右で1回、左で1回とカウント。
リズミカルに繰り返す。

B Air Squat
エア・スクワット

10 REPS

▼
脚&ヒップ　　10 REPS

1　　**2**　　**3**

1.肩幅に足を開き、ややお尻を後ろに突き出すように立つ。2.手を斜めに上げて、さらにお尻を突き出していく。3.どんどんお尻を落とし、膝の高さより下にくるまでしゃがんだら1に戻る。

C Leg Raise
レッグ・レイズ

5 REPS

▼
腹筋　　5 REPS

1

2

3

1.仰向けになり、手のひらを下向きにしてお尻の下に置く。2.脚をまっすぐ伸ばしたまま90度以上上げる。3.腰を浮かさずお腹に力を入れながら脚を下ろしていき、足は床につかないスレスレでキープ。また2から繰り返す。

2nd STAGE

ステージ2

MISSION

筋肉痛から、あなたの
強化すべきポイントを知ろう

MESSAGE FROM AYA

今回のプログラムは、腕をいっぱい使った翌日は腹筋にフォーカスするなど、全身をバランスよく鍛えられるように考えています。10日間トレーニングをしてきて、筋肉痛がツラいという人も少なくないはず。でも筋肉痛は、あなたの弱い部分を教えてくれるサイン。その痛みは、あなたが弱い部位をしっかり追い込めている証！ 筋肉痛が起きなくなったら、その部分が強くなってきているということ。その変化を楽しみましょう。

年　　　月　　　日

2 rounds of : A + B

A

Butt Kick
バット・キック

50 REPS

> ジャンプは小さくても代謝は上がっています

1
2
3

1.
両手を腰に当てて
まっすぐに立つ。

2.
片足で軽く跳ねながら
反対足かかとで
お尻をタッチ。

3.
反対も同様に。
これを繰り返す。
右で1回、
左で1回とカウント。

B

Press
プレス

25 REPS

▼
二の腕
&背中

> 腰を反らせずに上体をキープ

準備するもの：
2ℓペットボトル×2本

1.
両手に持った
ペットボトルを
肩のポジションに。

2.
一気に腕を伸ばして
ペットボトルを
持ち上げる。
これを繰り返す。

1
2

DAY **12**

年　　月　　日

⏱ 3min AMRAP： A ＋ B

A — Dead Lift
デッド・リフト

10 REPS

▼
二の腕
&背中

背中が丸まらないように注意

準備するもの：
2ℓペットボトル×2本

1.
両手に
ペットボトルを持って
足を肩幅に開いて立ち、
膝を曲げる。

2.
ペットボトルのキャップを
床につけたらすぐに
膝を伸ばして立ち上がる。
これを繰り返す。

B — Push Up
プッシュ・アップ

4 REPS

▼
二の腕
&背中

肩に力を逃さないように

1
腕立ての姿勢に。
手をつく位置は
肩の真下。

2
脇を締めたまま
ひじを引き、
胸を床につける。

3
手のひらで床を押し、
ひじを伸ばして
腹筋を使い、1に戻る。

年　　　月　　　日

2 rounds of： A + B　　2 rounds of： A + C

A

Star Jump
スター・ジャンプ

20 REPS

1 2 3

1.足同士をつけてまっすぐ立つ。両手は太もも
の横に。2.ひじを曲げ手のひらを正面に向けて上
げるのと同時に、足を開きながら小さくジャンプ
して着地。3.小さく跳んで1の基本姿勢に戻り、
ふたたびジャンプ。

B

Weighted Toe-Tap
ウエイテッド・トウ・タップ

▼
腹筋
&背中

10 REPS

準備するもの：
2ℓペットボトル×1本

1

2

1.仰向けに寝て、ペットボトルを頭の上で持つ。
腹筋を使って両脚を90度まで上げる。2.つま先は
フレックスの状態で、ペットボトルでタッチ。

C

Press Hold Leg Raise
プレス・ホールド・レッグ・レイズ

10 REPS

▼
腹筋
&二の腕

腰が反らないよう腹筋を使って！

準備するもの：2ℓペットボトル×1本

1

2

仰向けに寝て、ペットボトルを両手で持ち、
真上に上げる。両脚を90度アップ。

両脚を床ギリギリまでダウン。
脚を伸ばしたまま上げ下げを繰り返す。

DAY **14**

年　　　月　　　日

▽ 4 rounds of : A + B

A
Front Rack Lunge
フロント・ラック・ランジ

20 sec ON / **10** sec REST

▼
脚&ヒップ

上体はまっすぐ！

準備するもの：2ℓペットボトル×2本

1.
両手にペットボトルを持ち、
肩のポジションに。

2.
右脚を大きく前に
一歩踏み出す。右足で
床を押して1に戻り、
左足も同様に。右で1回、
左で1回とカウント。

B
Plank Hold
プランク・ホールド

20 sec ON / **10** sec REST

▼
腹筋

腕の力に頼らず、腹筋でカラダをキープ

ひじを直角に曲げ、つま先を立てて、
腕立て伏せの姿勢でキープ。
脇はしっかり締める。呼吸を止めないこと。

NG　お腹が落ちたり、
お尻が上がったり
しては効果ナシ。
頭から足先まで
一直線をキープ。

A

Russian Swing
ロシアン・スイング

▼
脚
&ヒップ

背中は丸めず常にフラットに!

準備するもの：
2ℓペットボトル
×2本

1.
肩幅に足を開いて立ち、
ペットボトルを両手に
それぞれ持つ。
お尻を後ろに引く。

2.
ペットボトルを
肩の高さまで上げる。
腕で振り上げようと
するのではなく、
股関節を前に
突き出す勢いで上げる。

1　　　　2

B

Ab Bike
アブ・バイク

▼
腹筋
&ウエスト

空中で自転車を漕ぐように、もも上げ×ウエストひねり

1

仰向けになり、
両手を耳のあたりに置く。

2

腹筋を使って上体を起こして右に
ひねりながら、右膝と左ひじを近づける。
左脚は床から浮かせたまま。
反対も同様に。
右で1回、左で1回とカウント。

DAY **16**

年　　　月　　　日

⏱ 6 min EMOM　A + B

A

Weighted Good Morning
ウエイテッド・グッド・モーニング

12 REPS

▼
腹筋
&ヒップ

腹筋の力でカラダを「く」の字に

準備するもの：2ℓペットボトル×1本

1.
ペットボトルを
胸の前で両手で持つ。

2.
顔は正面のまま、
背中は丸めずまっすぐ
キープしたまま
お尻を引く。肩が
上がらないよう注意。

B

Superman Push Up
スーパーマン・プッシュ・アップ

8 REPS

▼
二の腕
&背中

スーパーマンが飛ぶポーズをイメージ

1. 腕立ての姿勢から。両手は肩の真下でつき、脇を締めて肩幅より開かないように。
2. 脇を締めたまま両ひじを引き、胸を床につける。
3. 両腕を前に伸ばす。両手は床につかない。
4. 両手を胸の脇につき、腕を伸ばして1の姿勢に戻る。

DAY 17

年　　　月　　　日

A + B + C + B + A

A

Dead Lift
デッド・リフト

▼
二の腕
＆背中

15 REPS

準備するもの：
2ℓペットボトル×2本

1.両手にペットボトルを持って足を肩幅に開いて立ち、膝を曲げる。2.ペットボトルのキャップを床につけたらすぐに膝を伸ばして立ち上がる。これを繰り返す。

B

Mountain Climber
マウンテン・クライマー

30 REPS

1.腕立ての姿勢からスタート。手は肩の真下で、顔は正面を向く。2.弾みをつけて右足で軽く床を蹴って膝を前に出し着地。3.右足を戻すと同時に左膝を前に出して足を入れ替える。右で1回、左で1回とカウント。リズミカルに繰り返す。

C

Power Clean
パワー・クリーン

15 REPS

▼
二の腕
＆脚

腕だけでなく全身を使って

準備するもの：
2ℓペットボトル×2本

1
ペットボトルを左右それぞれの手に持ち、前傾姿勢でキャップを床につける。

2
股関節の伸展を使って、床から肩まで一気に持ち上げる。

28

DAY **18**

年　　　月　　　日

▽ 3rounds of： Ａ ＋ Ｂ ＋ Ｃ

A

Butt Kick
バット・キック

30 sec ON / **15** sec REST

> 高く跳ばなくても効いているので大丈夫

 ≫  ≫

1 　　　　2 　　　　3

1.
両手を腰に当てて
まっすぐに立つ。

2.
片足で軽く跳ねながら
反対足かかとで
お尻をタッチ。

3.
反対も同様に。
これを繰り返す。
右で1回、
左で1回とカウント。

B

Weighted Glute Bridge
ウエイテッド・グルート・ブリッジ

▼
ヒップ

30 sec ON / 15 sec REST

準備するもの：
2ℓペットボトル
×1本

1.仰向けになり、踏ん張りやすいポジションで両膝を立てる。おへその下あたりに、ペットボトルを置く。2.お尻の穴を締めながら、ヒップを限界まで上げる。ヒップを下ろしたらすぐまた上げるのを繰り返す。

C

Rockies
ロッキース

▼
腹筋
&ウエスト

30 sec ON / 15 sec REST

準備するもの：2ℓペットボトル×1本

1 　　　3

2

1.膝を立てて座り、脚を浮かせる。ペットボトルを両手ではさむように持つ。2.ひじを張り、顔と足先は正面のまま、腰を右にツイスト。3.左にツイスト。右にひねって1回、左にひねって1回とカウント。キツければ水の量を減らしても。

年　　　　月　　　　日

≡ Sets 10-9-8-7-6-5-4-3-2-1： A ＋ B

A

Renegade Row
レネゲイド・ロウ

▼
二の腕＆
背中＆腹筋

頭から足先まで一直線をキープ！

準備するもの：2ℓペットボトル×1本

1
床にペットボトルを置き、腕立てのポジションに。足は肩幅くらいに広げる。

2
右手でペットボトルをつかみ、ひじをしっかり引いて持ち上げる。

3
ペットボトルを床に戻す。

4
左手も同様に行う。右で1回、左で1回とカウント。

B

Front Rack Lunge
フロント・ラック・ランジ

▼
脚
＆ヒップ

ペットボトルは水平にキープ

準備するもの：2ℓペットボトル×2本

1.
両手にペットボトルを持ち、肩のポジションに。

2.
右脚を大きく前に
一歩踏み出す。右足で
床を押して1に戻り、
左足も同様に。右で1回、
左で1回とカウント。

DAY 20

▽ 2 rounds of : 3 min AMRAP : A + B + C
REST 1min30 b/t sets

A

Star Jump
スター・ジャンプ

20 REPS

1. 足同士をつけてまっすぐ立つ。両手は太ももの横に。2. ひじを曲げ手のひらを正面に向けて上げるのと同時に、足を開きながら小さくジャンプして着地。3. 小さく跳んで1の基本姿勢に戻り、ふたたびジャンプ。

B

Weighted Toe-Tap
ウエイテッド・トウ・タップ

▼
腹筋
＆背中

10REPS

準備するもの:
2ℓペットボトル×1本

1. 仰向けに寝て、ペットボトル1個を頭の上で持つ。腹筋を使って両脚を90度まで上げる。2. つま先はフレックスの状態で、ペットボトルでタッチ。

C

Power Clean
パワー・クリーン

5 REPS

▼
二の腕
＆脚

きちんと立ち上がってから次の動きに

準備するもの:
2ℓペットボトル×2本

ペットボトルを左右それぞれの
手に持ち、前傾姿勢で
キャップを床につける。

股関節の伸展を使って、
床から肩まで
一気に持ち上げる。

3rd
STAGE

ステージ3

MISSION

頑張った自分への
ご褒美を見つけよう

MESSAGE FROM AYA

今回のプログラム、きっとハードですよね？
キツいトレーニングを乗り越えるコツは、自
分なりのご褒美を用意すること。私は、バス
タブにリカバリー用の炭酸の錠剤と、保湿力
が高く香りもいいバスオイルを選んで入れて、
心身をリラックスさせています。ワークアウ
ト中に、好きな音楽を聴くのもいいし、週1
回のチートデイ（お休みの日）もアリ。AYA
も週末は普段食べないスイーツを解禁します。

年　　　月　　　日

▽ 3 rounds of： A + B + C

A Star Jump
スター・ジャンプ

20 REPS

1　2　←→

1.足同士をつけてまっすぐ立つ。両手は太ももの横に。2.ひじを曲げ手のひらを正面に向けて上げるのと同時に、足を開きながら小さくジャンプして着地。小さく跳んで1の基本姿勢に戻り、ふたたびジャンプ。

B Air Squat
エア・スクワット

▼
脚&ヒップ　15 REPS

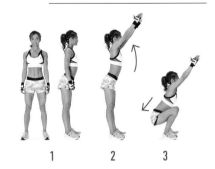

1　2　3

1.肩幅に足を開き、ややお尻を後ろに突き出すように立つ。2.手を斜めに上げて、さらにお尻を突き出していく。3.どんどんお尻を落とし、膝の高さより下にくるまでしゃがんだら1に戻る。

C Seated Press
シーテッド・プレス

10 REPS

▼
二の腕
&背中
&腹筋

グラグラしないよう、腹筋で上半身キープ

準備するもの：
2ℓペットボトル×2本

1.
両脚を伸ばして座り、
ペットボトルを左右
それぞれの手に持ち、
肩にのせる。

2.
お腹に力を入れ、
ペットボトルを
肩の真上に
まっすぐ押し上げる。

1　2

年　　　月　　　日

⏱ 4 min AMRAP： A ＋ B ＋ C

A

Butt Kick
バット・キック

20 REPS

1 2 3

1.両手を腰に当ててまっすぐに立つ。2.片足で軽く跳ねながら反対足かかとでお尻をタッチ。3.反対も同様に。これを繰り返す。右で１回、左で１回とカウント。

B

Press
プレス

▼
二の腕
＆背中

10 REPS

準備するもの：
２ℓペットボトル×２本

1 2

1.両手に持ったペットボトルを肩のポジションに。2.一気に腕を伸ばしてペットボトルを持ち上げる。これを繰り返す。

C

Split Squat
スプリット・スクワット

▼
脚＆ヒップ

5 REPS（左足前） **5** REPS（右足前）

開く幅が狭いと、膝を傷めやすいので注意!

準備するもの：
２ℓペットボトル×２本

1

両脚を前後に開き、
後ろ脚の膝は床に。
両手に持った
ペットボトルを
肩のポジションに。

〉

2

後ろ脚を伸ばし立ち
上がったら、
１の姿勢に戻る。
指定回数行ったら、
反対足を前にして
同様に。

2 rounds of：Ａ ＋ Ｂ　2 rounds of：Ａ ＋ Ｃ

A　Mountain Climber
マウンテン・クライマー

20 REPS

手をつく位置が広がらないよう注意

1
腕立ての姿勢からスタート。
手は肩の真下で、
顔は正面を向く。

2
弾みをつけて
右足で軽く床を蹴って
膝を前に出し着地。

3
右足を戻すと同時に
左膝を前に出して足を入れ替える。
右で1回、左で1回とカウント。
リズミカルに繰り返す。

B　Clean & Press
クリーン＆プレス

▼
二の腕＆
背中＆脚

10 REPS

準備するもの：
2ℓペットボトル
×2本

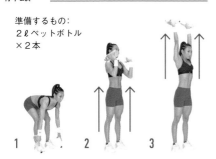

1.両手に持ったペットボトルのキャップを床に
つける。2.股関節の伸展を使って、床から一気に
持ち上げてペットボトルを肩にのせる。3.さらに
腕をまっすぐ伸ばして、頭の上に上げる。

C　Front Squat
フロント・スクワット

▼
脚＆ヒップ

10 REPS

準備するもの：
2ℓペットボトル
×2本

1.足を肩幅に開いて立ち、両手に持ったペットボ
トルを肩のポジションに。2.お尻を引きながら、
膝を曲げる。

DAY **24**

年　　　月　　　日

4rounds of：**A** + **B**

A

Weighted Toe-Tap
ウエイテッド・トウ・タップ

20 sec ON / **10** sec REST

腹筋
&背中

> **つま先につかなくても近づけられたらOK**

準備するもの：
2ℓペットボトル×1本

1
仰向けに寝て、ペットボトルを頭の上で持つ。
腹筋を使って両脚を90度まで上げる。

2
つま先はフレックスの状態で、
ペットボトルでタッチ。

B

Power Clean
パワー・クリーン

20 sec ON / **10** sec REST

二の腕
&脚

> **肩に力を入れない!**

準備するもの：
2ℓペットボトル×2本

1
ペットボトルを左右それぞれの
手に持ち、前傾姿勢で
キャップを床につける。

2
股関節の伸展を使って、
床から肩まで
一気に持ち上げる。

A

D.B.Snatch
ダンベル・スナッチ

▼
二の腕&
背中&ヒップ

ダンベル（=D.B.）をつかむ（=スナッチ）の繰り返し！

準備するもの:
2ℓペットボトル
×1本

1
肩幅より広めに足を開いて立ち、
床に置いたペットボトルを
片手でつかむ。

2
上体を起こしながら、
ペットボトルを
一気に持ち上げる。

3
頭の上までまっすぐ上げきったら
1に戻り、反対も同様に。
右で1回、左で1回とカウント。

B

Goblet Squat
ゴブレット・スクワット

▼
脚&ヒップ

ダンベルで負荷をかけたスクワット

準備するもの：2ℓペットボトル×1本

NG
背中は丸めない。
目線は正面のままで。

1
ペットボトルを胸の位置で抱え、
足を肩幅に開いて立つ。

2
お尻を引きながら、膝を曲げる。

DAY **26**

⏱ 6 min EMOM： **A** + **B**

A

Split Squat
スプリット・スクワット

6 REPS（左足前） **6** REPS（右足前）

▼
脚&ヒップ

目線は正面のまま

準備するもの：
2ℓペットボトル×2本

1

両脚を前後に開き、
後ろ脚の膝は床に。
両手に持った
ペットボトルを
肩のポジションに。

2

後ろ脚を伸ばし立ち
上がったら、
1の姿勢に戻る。
指定回数行ったら、
反対足を前にして
同様に。

B

Press Hold Leg Raise
プレス・ホールド・レッグ・レイズ

10 REPS

▼
腹筋
&二の腕

脚はまっすぐキープ！

準備するもの：2ℓペットボトル×1本

1

仰向けに寝て、ペットボトルを両手で持ち、
真上に上げる。両脚を90度アップ。

2

両脚を床ギリギリまでダウン。
脚を伸ばしたまま上げ下げを繰り返す。

年　　月　　日

A + B + C + B + A

A

D.B.Snatch
ダンベル・スナッチ

二の腕&
背中&ヒップ

20 REPS

準備するもの：2ℓペットボトル×1本

1.肩幅より広めに足を開いて立ち、床に置いたペットボトルを片手でつかむ。2.上体を起こしながら、ペットボトルを一気に持ち上げる。3.頭の上までまっすぐ上げったら1に戻り、反対も同様に。右で1回、左で1回とカウント。

B

Rockies
ロッキース

腹筋
&ウエスト

20 REPS

準備するもの：2ℓペットボトル×1本

1.膝を立てて座り、脚を浮かせる。ペットボトルを両手ではさむように持つ。2.ひじを張り、顔と足先は正面のまま、腰を右にツイスト。3.左にツイスト。右にひねって1回、左にひねって1回とカウント。キツければ水の量を減らしても。

C

Half Burpee
ハーフ・バーピー

10 REPS

全身運動でじわりと脂肪燃焼

1
両足を肩幅に開いて
立ち、膝を曲げて
前かがみになり、
両手を肩幅で床につく。

2
手はそのまま、
両足で床を軽く蹴り、
揃えて後ろに伸ばす。

3
手をついたまま軽く
床を蹴り両膝を前に。
両足を開いて
両手の手前で着地。

4
立ち上がり、両手を
頭の上で合わせる。
1に戻って繰り返す。

DAY

年　　　月　　　日

▽ 3 rounds of : **A** + **B** + **C**

A
Russian Swing
ロシアン・スイング

30 sec ON / **15** sec REST

脚&ヒップ

重りに負けてグラつかない！

準備するもの：
2ℓペットボトル
×2本

1.
肩幅に足を開いて立ち、
ペットボトルを両手に
それぞれ持つ。
お尻を後ろに引く。

2.
ペットボトルを
肩の高さまで上げる。
腕で振り上げようと
するのではなく、
股関節を前に
突き出す勢いで上げる。

B
Sit Up
シット・アップ

腹筋

30 sec ON / 15 sec REST

準備するもの：バスタオル

1.仰向けになり、腰の隙間にバスタオルを敷く。
腕を上げて、足裏同士をつける。2.腕の反動を使
い、つま先をめがけて上体を起こす。3.完全に起
き上がり、つま先にタッチ。1に戻って繰り返す。

C
Push Up
プッシュ・アップ

二の腕
&背中

30 sec ON / 15 sec REST

1.腕立ての姿勢に。手をつく位置は肩の真下。
2.脇を締めたままひじを引き、胸を床につける。
3.手のひらで床を押し、ひじを伸ばして腹筋を使
い、1に戻る。

A Dead Lift
デッド・リフト

二の腕
&背中

立ち上がった時フラつかない！

準備するもの：
2ℓペットボトル×2本

1.
両手に
ペットボトルを持って
足を肩幅に開いて立ち、
膝を曲げる。

2.
ペットボトルのキャップを
床につけたらすぐに
膝を伸ばして立ち上がる。
これを繰り返す。

B Seated Press
シーテッド・プレス

二の腕&
背中&腹筋

息は止めずに、吐きながら持ち上げる

準備するもの：
2ℓペットボトル×2本

1.
両脚を伸ばして座り、
ペットボトルを左右
それぞれの手に持ち、
肩にのせる。

2.
お腹に力を入れ、
ペットボトルを
肩の真上に
まっすぐ押し上げる。

▽ 2 rounds of :

4 min AMRAP： Ａ ＋ Ｂ ＋ Ｃ
REST 2min b/t sets

Ａ Rockies
ロッキース

腹筋
&ウエスト

20 REPS

準備するもの：2ℓペットボトル×1本

1.膝を立てて座り、脚を浮かせる。ペットボトルを両手ではさむように持つ。2.ひじを張り、顔と足先は正面のまま、腰を右にツイスト。3.左にツイスト。右にひねって1回、左にひねって1回とカウント。キツければ水の量を減らしても。

Ｂ Clean & Press
クリーン&プレス

二の腕&
背中&脚

10 REPS

準備するもの：
2ℓペットボトル
×2本

1.両手に持ったペットボトルのキャップを床につける。2.股関節の伸展を使って、床から一気に持ち上げてペットボトルを肩にのせる。3.さらに腕をまっすぐ伸ばして、頭の上に上げる。

Ｃ Half Burpee
ハーフ・バーピー

5 REPS

> しっかり直立してから手を合わせて

1
両足を肩幅に開いて
立ち、膝を曲げて
前かがみになり、
両手を肩幅で床につく。

2
手はそのまま、
両足で床を軽く蹴り、
揃えて後ろに伸ばす。

3
手をついたまま軽く
床を蹴り両膝を前に。
両足を開いて
両手の手前で着地。

4
立ち上がり、両手を
頭の上で合わせる。
1に戻って繰り返す。

4th STAGE

ステージ4

MISSION

「どうありたい?」
と自分に問いかけて

MESSAGE FROM AYA

ダイエットを始めた時の初期衝動で、1ヵ月
くらいは意外と続けられるもの。それが途切
れた今くらいが、モチベーションが下がって、
サボりたくなる時期です。そんな時は、トレー
ニングによってどう変わりたいのか、根本的
な問いかけを自分にしてみて。AYAは、肉体
的にも精神的にもタフな自分であり続けたい
から。「こうありたい」と思い描く理想は、
最高のモチベーションです。

▽ 2 rounds of：A + B + C

A — Mountain Climber
マウンテン・クライマー

50 REPS

1

2

3

1. 腕立ての姿勢からスタート。手は肩の真下で、顔は正面を向く。2. 弾みをつけて右足で軽く床を蹴って膝を前に出し着地。3. 右足を戻すと同時に左膝を前に出して足を入れ替える。右で1回、左で1回とカウント。リズミカルに繰り返す。

B — Split Squat
スプリット・スクワット

脚&ヒップ

12 REPS（左足前）12 REPS（右足前）

準備するもの：
2ℓペットボトル×2本

1

2

1. 両脚を前後に開き、後ろ脚の膝は床に。両手に持ったペットボトルを肩のポジションに。2. 後ろ脚を伸ばし立ち上がったら、1の姿勢に戻る。指定回数行ったら、反対足を前にして同様に。

C — Rockies
ロッキース

腹筋
&ウエスト

30 REPS

目線は正面をキープ！

準備するもの：2ℓペットボトル×1本

1

膝を立てて座り、脚を浮かせる。ペットボトルを両手ではさむように持つ。

2

ひじを張り、顔と足先は正面のまま、腰を右にツイスト。

3

左にツイスト。右にひねって1回、左にひねって1回とカウント。キツければ水の量を減らしても。

A — Weighted Good Morning
ウエイテッド・グッド・モーニング

腹筋
&ヒップ

10 REPS

準備するもの：
2ℓペットボトル×1本

1　2

1.ペットボトルを胸の前で両手で持つ。2.顔は正面のまま、背中は丸めずまっすぐキープしたままお尻を引く。肩が上がらないよう注意。

B — Weighted Toe-Tap
ウエイテッド・トウ・タップ

腹筋
&背中

10 REPS

準備するもの：
2ℓペットボトル×1本

1　2

1.仰向けに寝て、ペットボトルを頭の上で持つ。腹筋を使って両脚を90度まで上げる。2.つま先はフレックスの状態で、ペットボトルでタッチ。

C — Push Up
プッシュ・アップ

二の腕
&背中

10 REPS

腹筋を使ってお腹が落ちないように

1
腕立ての姿勢に。
手をつく位置は
肩の真下。

2
脇を締めたまま
ひじを引き、
胸を床につける。

3
手のひらで床を押し、
ひじを伸ばして
腹筋を使い、1に戻る。

DAY **33**

年　　　　月　　　　日

▽ 2 rounds of： A + B　　2 rounds of： C + B

A

二の腕&
背中&ヒップ

D.B.Snatch
ダンベル・スナッチ

16 REPS

準備するもの：2ℓペットボトル×1本

1.肩幅より広めに足を開いて立ち、床に置いた
ペットボトルを片手でつかむ。2.上体を起こしな
がら、ペットボトルを一気に持ち上げる。3.頭の
上までまっすぐ上げきったら1に戻り、反対も同
様に。右で1回、左で1回とカウント。

B

Half Burpee
ハーフ・バーピー

8 REPS

1.両足を肩幅に開いて立ち、膝を曲げて前かがみ
になり、両手を肩幅で床につく。2.手はそのまま、
両足で床を軽く蹴り、揃えて後ろに伸ばす。3.手
をついたまま軽く床を蹴り両膝を前に。両足を開
いて両手の手前で着地。4.立ち上がり、両手を頭
の上で合わせる。1に戻って繰り返す。

C

脚&ヒップ

Goblet Lunge
ゴブレット・ランジ

16 REPS

目線は正面！　ウエイトつきのランジ

準備するもの：2ℓペットボトル×1本

1.
ペットボトルを
胸の前で
両手で抱える。

2.
右脚を大きく前に
一歩踏み込んだのち、
上体はまっすぐなまま
脚を戻す。左脚も同様に。
右で1回、左で1回
とカウント。

▽ 4rounds of : **A** + **B**

A

Thruster
スラスター

20 sec ON / **10** sec REST

▼
脚&ヒップ
&二の腕

スクワットから一気にウエイト上げ

準備するもの：2ℓペットボトル×2本

1.
両手に持ったペットボトルを
肩のポジションに。

2.
お尻を引いて
膝を曲げてスクワット。

3.
膝を伸ばして立ち上がる
勢いを使って、頭の上
まで一気にまっすぐ
ペットボトルを上げる。

B

Ab Bike
アブ・バイク

20 sec ON / **10** sec REST

▼
腹筋
&ウエスト

肩に力が入らないように！

1
仰向けになり、
両手を耳のあたりに置く。

2
腹筋を使って上体を起こして右に
ひねりながら、右膝と左ひじを近づける。
左脚は床から浮かせたまま。
反対も同様に。
右で1回、左で1回とカウント。

A
Power Clean
パワー・クリーン

▼
二の腕
＆脚

ウエイトは体幹で支えよう

1

ペットボトルを左右それぞれの
手に持ち、前傾姿勢で
キャップを床につける。

準備するもの：
2ℓペットボトル×2本

2

股関節の伸展を使って、
床から肩まで
一気に持ち上げる。

B
Renegade Row
レネゲイド・ロウ

▼
二の腕＆
背中＆腹筋

腰が反らないように注意

準備するもの：2ℓペットボトル×1本

1

床にペットボトルを置
き、腕立てのポジショ
ンに。足は肩幅くらい
に広げる。

2

右手でペットボトルをつ
かみ、ひじをしっかり引
いて持ち上げる。

3

ペットボトルを床に戻
す。

4

左手も同様に行う。右
で1回、左で1回とカ
ウント。

年　　月　　日

⏱ 6min EMOM： A + B + C

A　Clean & Press
クリーン&プレス

▼
二の腕&
背中&脚

12 REPS

準備するもの：
2ℓペットボトル
×2本

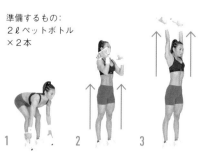

1.両手に持ったペットボトルのキャップを床に
つける。2.股関節の伸展を使って、床から一気に
持ち上げてペットボトルを肩にのせる。3.さらに
腕をまっすぐ伸ばして、頭の上に上げる。

B　Half Burpee
ハーフ・バーピー

10 REPS

1.両足を肩幅に開いて立ち、膝を曲げて前かがみ
になり、両手を肩幅で床につく。2.手はそのまま、
両足で床を軽く蹴り、揃えて後ろに伸ばす。3.手
をついたまま軽く床を蹴り両膝を前に。両足を開
いて両手の手前で着地。4.立ち上がり、両手を頭
の上で合わせる。1に戻って繰り返す。

C　Plank Hold
プランク・ホールド

30 sec

▼
腹筋

脚の重さを腹筋で支えて

ひじを直角に曲げ、つま先を立てて、
腕立て伏せの姿勢でキープ。
脇はしっかり締める。呼吸を止めないこと。

NG　お腹が落ちたり、
お尻が上がったり
しては効果ナシ。
頭から足先まで
一直線をキープ。

A

Dead Lift
デッド・リフト

▼
二の腕
&背中

20 REPS

準備するもの：
2ℓペットボトル×2本

1 　　　 2

1.両手にペットボトルを持って足を肩幅に開いて立ち、膝を曲げる。2.ペットボトルのキャップを床につけたらすぐに膝を伸ばして立ち上がる。これを繰り返す。

B

Front Squat
フロント・スクワット

▼
脚&ヒップ

15 REPS

準備するもの：
2ℓペットボトル
×2本

1 　　　 2

1.足を肩幅に開いて立ち、両手に持ったペットボトルを肩のポジションに。2.お尻を引きながら、膝を曲げる。

C

Superman Push Up
スーパーマン・プッシュ・アップ

10 REPS

▼
二の腕
&背中

腕立てに負荷をプラス

1

3

2

4

1.腕立ての姿勢から。両手は肩の真下でつき、脇を締めて肩幅より開かないように。
2.脇を締めたまま両ひじを引き、胸を床につける。
3.両腕を前に伸ばす。両手は床につかない。
4.両手を胸の脇につき、腕を伸ばして1の姿勢に戻る。

年　　　月　　　日

▽ 3 rounds of： A + B + C

A

D.B.Snatch
ダンベル・スナッチ

▼
二の腕&
背中&ヒップ

30 SEC ON / 15 SEC REST

準備するもの：2ℓペットボトル×1本

1.肩幅より広めに足を開いて立ち、床に置いたペットボトルを片手でつかむ。2.上体を起こしながら、ペットボトルを一気に持ち上げる。3.頭の上までまっすぐ上げきったら1に戻り、反対も同様に。右で1回、左で1回とカウント。

B

Seated Press
シーテッド・プレス

▼
二の腕&
背中&腹筋

30 SEC ON / 15 SEC REST

準備するもの：
2ℓペットボトル×2本

1.両脚を伸ばして座り、ペットボトルを左右それぞれの手に持ち、肩にのせる。2.お腹に力を入れ、ペットボトルを肩の真上にまっすぐ押し上げる。

C

Press Hold Leg Raise
プレス・ホールド・レッグ・レイズ

30 sec ON / **15** sec REST

▼
腹筋
&二の腕

脚ではなくお腹の力で止める

準備するもの：2ℓペットボトル×1本

1 仰向けに寝て、ペットボトルを両手で持ち、真上に上げる。両脚を90度アップ。

2 両脚を床ギリギリまでダウン。脚を伸ばしたまま上げ下げを繰り返す。

A

Clean & Press
クリーン&プレス

▼
二の腕&
背中&脚

手首でなく背中も使って持ち上げる

準備するもの:
2ℓペットボトル×2本

1
両手に持った
ペットボトルのキャップ
を床につける。

2
股関節の伸展を使って、
床から一気に持ち上げて
ペットボトルを肩にのせる。

3
さらに腕を
まっすぐ伸ばして、
頭の上に上げる。

B

Weighted Glute Bridge
ウエイテッド・グルート・ブリッジ

▼
ヒップ

腰を反らせすぎないように

準備するもの:2ℓペットボトル×1本

1
仰向けになり、踏ん張りやすい
ポジションで両膝を立てる。
おへその下あたりに、
ペットボトルを置く。

2
お尻の穴を締めながら、
ヒップを限界まで上げる。
ヒップを下ろしたら
すぐまた上げるのを繰り返す。

DAY **40**

年　　　月　　　日

▽ 2 rounds of : 4min AMRAP : A + B + C
REST 2min b/t sets

A — Butt Kick
バット・キック

20 REPS

1 　2 　3

1.両手を腰に当ててまっすぐに立つ。2.片足で軽く跳ねながら反対足かかとでお尻をタッチ。3.反対も同様に。これを繰り返す。右で1回、左で1回とカウント。

B — Thruster
スラスター

▼
脚&ヒップ
&二の腕

10 REPS

準備するもの：
2ℓペットボトル×2本

1 　2 　3

1.両手に持ったペットボトルを肩のポジションに。2.お尻を引いて膝を曲げてスクワット。3.膝を伸ばして立ち上がる勢いを使って、頭の上まで一気にまっすぐペットボトルを上げる。

C — Push Up
プッシュ・アップ

▼
二の腕
&背中

5 REPS

ひじは横ではなく後ろに引く

1
腕立ての姿勢に。
手をつく位置は
肩の真下。

2
脇を締めたまま
ひじを引き、
胸を床につける。

3
手のひらで床を押し、
ひじを伸ばして
腹筋を使い、1に戻る。

5th STAGE

ステージ5

MISSION

「忙しい」は言い訳。
1日5分でもカラダを動かそう

MESSAGE FROM AYA

仕事に家事に、趣味に、毎日忙しいですよね。
ただ、多忙を極める世界のエグゼクティブほ
ど、仕事のパフォーマンスを上げるために、
エクササイズの時間を作っています。1日
24時間の中で、「5分も取れない」というこ
とはないんじゃない？　疲れてやる気が起き
なくても、カラダを動かしたほうが疲れがと
れたり、気分もスッキリするもの。忙しい時
こそ、フィットネス！

A Rockies
ロッキース

腹筋&
ウエスト

20 REPS

準備するもの：2ℓペットボトル×1本

1.膝を立てて座り、脚を浮かせる。ペットボトル を両手ではさむように持つ。2.ひじを張り、顔と 足先は正面のまま、腰を右にツイスト。3.左にツ イスト。右にひねって1回、左にひねって1回と カウント。キツければ水の量を減らしても。

B Front Squat
フロント・スクワット

脚&ヒップ

15 REPS

準備するもの：
2ℓペットボトル
×2本

1.足を肩幅に開いて立ち、両手に持ったペットボ トルを肩のポジションに。2.お尻を引きながら、 膝を曲げる。

C Half Burpee
ハーフ・バーピー

10 REPS

丁寧に床に手をついて

1
両足を肩幅に開いて
立ち、膝を曲げて
前かがみになり、
両手を肩幅で床につく。

2
手はそのまま、
両足で床を軽く蹴り、
揃えて後ろに伸ばす。

3
手をついたまま軽く
床を蹴り両膝を前に。
両足を開いて
両手の手前で着地。

4
立ち上がり、両手を
頭の上で合わせる。
1に戻って繰り返す。

DAY 42

年　　　　月　　　　日

⏱ 5min AMRAP： A + B + C

A — Dead Lift
デッド・リフト

10 REPS

▼
二の腕
&背中

> ウエイトをなるべくカラダから離さずに

準備するもの：
2ℓペットボトル×2本

1.
両手に
ペットボトルを持って
足を肩幅に開いて立ち、
膝を曲げる。

2.
ペットボトルのキャップを
床につけたらすぐに
膝を伸ばして立ち上がる。
これを繰り返す。

B — Power Clean
パワー・クリーン

▼
二の腕
&脚

10 REPS

準備するもの：
2ℓペットボトル×2本

1.ペットボトルを左右それぞれの手に持ち、前傾
姿勢でキャップを床につける。2.股関節の伸展を
使って、床から肩まで一気に持ち上げる。

C — Press
プレス

▼
二の腕
&背中

10 REPS

準備するもの：
2ℓペットボトル×2本

1.両手に持ったペットボトルを肩のポジション
に。2.一気に腕を伸ばしてペットボトルを持ち上
げる。これを繰り返す。

5th STAGE

DAY **43**

▽ 2 rounds of : A + B　　2 rounds of : A + C

A | Mountain Climber
マウンテン・クライマー

20 REPS

1. 腕立ての姿勢からスタート。手は肩の真下で、顔は正面を向く。2. 弾みをつけて右足で軽く床を蹴って膝を前に出し着地。3. 右足を戻すと同時に左膝を前に出して足を入れ替える。右で1回、左で1回とカウント。リズミカルに繰り返す。

B | Weighted Toe-Tap
ウエイテッド・トウ・タップ

▼
腹筋
＆背中

10 REPS

準備するもの：
2ℓペットボトル×1本

1. 仰向けに寝て、ペットボトルを頭の上で持つ。腹筋を使って両脚を90度まで上げる。2. つま先はフレックスの状態で、ペットボトルでタッチ。

C | Squat Clean
スクワット・クリーン

10 REPS

▼
脚＆ヒップ
＆二の腕

一気にしゃがんで立ち上がる

準備するもの：
2ℓペットボトル
×2本

1. ペットボトルのキャップが床につくまで前傾。2. 股関節の伸展を使って立ち上がる。3. ペットボトルを持ち上げて肩にのせながら、お尻を引いてスクワット。4. そのまままっすぐ立ち上がる。1に戻って繰り返す。

DAY 44

年　　　月　　　日

▽ 4 rounds of : A ＋ B

A　Half Burpee
ハーフ・バーピー

20 sec ON / 10 sec REST

腕を上げるのはしっかり直立してから

1
両足を肩幅に開いて
立ち、膝を曲げて
前かがみになり、
両手を肩幅で床につく。

2
手はそのまま、
両足で床を軽く蹴り、
揃えて後ろに伸ばす。

3
手をついたまま軽く
床を蹴り両膝を前に。
両足を開いて
両手の手前で着地。

4
立ち上がり、両手を
頭の上で合わせる。
1に戻って繰り返す。

B　D.B.Snatch
ダンベル・スナッチ

20 sec ON / 10 sec REST

▼
二の腕＆
背中＆ヒップ

ウエイトはカラダに添わせて上げる

準備するもの：
2ℓ ペットボトル
×1本

1
肩幅より広めに足を開いて立ち、
床に置いたペットボトルを
片手でつかむ。

2
上体を起こしながら、
ペットボトルを
一気に持ち上げる。

3
頭の上までまっすぐ上げきったら
1に戻り、反対も同様に。
右で1回、左で1回とカウント。

5th STAGE

DAY **45**

年　　　月　　　日

≡ Sets 30-20-10： A ＋ B

A

Squat Clean
スクワット・クリーン

▼
脚&ヒップ
&二の腕

スクワットではしっかりお尻を落とす

準備するもの：
2ℓ ペットボトル
×2本

1

2

3

4

1.ペットボトルのキャップが床につくまで前傾。2.股関節の伸展を使って立ち上がる。3.ペットボトルを持ち上げて肩にのせながら、お尻を引いてスクワット。4.そのまままっすぐ立ち上がる。1に戻って繰り返す。

B

Seated Row
シーテッド・ロウ

▼
二の腕&
背中&腹筋

背中は丸めない

準備するもの：
2ℓ ペットボトル×2本

1

2

NG

脚を前に伸ばして床に座る。
ペットボトルを左右それぞれの
手で持ち、ひじを引く。

お腹の力を抜かず、肩の高さで、
ペットボトルを前に突き出す。

腕は床と水平
に出すこと。

A　Russian Swing
ロシアン・スイング

15 REPS

脚&ヒップ

ウエイトは落とさないようしっかりつかんで

準備するもの：
2ℓペットボトル
×2本

1.
肩幅に足を開いて立ち、
ペットボトルを両手に
それぞれ持つ。
お尻を後ろに引く。

2.
ペットボトルを
肩の高さまで上げる。
腕で振り上げようと
するのではなく、
股関節を前に
突き出す勢いで上げる。

5th STAGE

B　Renegade Row
レネゲイド・ロウ

二の腕&
背中&腹筋

15 REPS

準備するもの：2ℓペットボトル×1本

1.床にペットボトルを置き、腕立てのポジション
に。足は肩幅くらいに広げる。2.右手でペットボ
トルをつかみ、ひじをしっかり引いて持ち上げる。
3.ペットボトルを床に戻す。4.左手も同様に行
う。右で1回、左で1回とカウント。

C　Weighted Toe-Tap
ウエイテッド・トウ・タップ

腹筋
&背中

15 REPS

準備するもの：
2ℓペットボトル×1本

1.仰向けに寝て、ペットボトルを頭の上で持つ。
腹筋を使って両脚を90度まで上げる。2.つま先は
フレックスの状態で、ペットボトルでタッチ。

63

年　　　月　　　日

A + B + C + B + A

A　Star Jump
スター・ジャンプ

30 REPS

バタバタと音を立てずに着地

1　　2　　3

1.
足同士をつけて
まっすぐ立つ。
両手は太ももの横に。

2.
ひじを曲げ
手のひらを正面に向けて
上げるのと同時に、
足を開きながら
小さくジャンプして着地。

3.
小さく跳んで
1の基本姿勢に戻り、
ふたたびジャンプ。

B　Goblet Lunge
ゴブレット・ランジ

▼
脚&ヒップ

20 REPS

準備するもの：
2ℓペットボトル×1本

1　　2

1.ペットボトルを胸の前で両手で抱える。2.右脚
を大きく前に一歩踏み込んだのち、上体はまっす
ぐなまま脚を戻す。左脚も同様に。右で1回、左
で1回とカウント。

C　Press Hold Leg Raise
プレス・ホールド・レッグ・レイズ

▼
腹筋
&二の腕

20 REPS

準備するもの：
2ℓペットボトル×1本

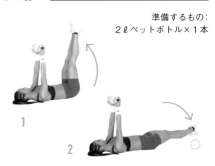

1

2

1.仰向けに寝て、ペットボトルを両手で持ち、真上に
上げる。両脚を90度アップ。2.両脚を床ギリギリ
までダウン。脚を伸ばしたまま上げ下げを繰り返す。

年　　　　月　　　　日

▽ 3 rounds of : A + B + C

A Thruster
スラスター

▼
脚&ヒップ
&二の腕

30 sec ON / 15 sec REST

準備するもの：
2ℓペットボトル×2本

1. 両手に持ったペットボトルを肩のポジション
に。2. お尻を引いて膝を曲げてスクワット。3. 膝
を伸ばして立ち上がる勢いを使って、頭の上まで
一気にまっすぐペットボトルを上げる。

B Plank Hold
プランク・ホールド

▼
腹筋

30 sec ON / 15 sec REST

ひじを直角に曲げ、つま先を立てて、腕立て伏せの
姿勢でキープ。脇はしっかり締める。呼吸を止め
ないこと。

C Weighted Glute Bridge
ウエイテッド・グルート・ブリッジ

30 sec ON / 15 sec REST

▼
ヒップ

ウエイトは背中も使って上げる

準備するもの：2ℓペットボトル×1本

1
仰向けになり、踏ん張りやすい
ポジションで両膝を立てる。
おへその下あたりに、
ペットボトルを置く。

2
お尻の穴を締めながら、
ヒップを限界まで上げる。
ヒップを下ろしたら
すぐまた上げるのを繰り返す。

DAY **49**

≡ Sets 10-9-8-7-6-5-4-3-2-1： A ＋ B

A

D.B.Snatch
ダンベル・スナッチ

▼
二の腕＆
背中＆ヒップ

重りに負けないで！

準備するもの：
２ℓペットボトル
×１本

1
肩幅より広めに足を開いて立ち、
床に置いたペットボトルを
片手でつかむ。

2
上体を起こしながら、
ペットボトルを
一気に持ち上げる。

3
頭の上までまっすぐ上げきったら
１に戻り、反対も同様に。
右で１回、左で１回とカウント。

B

Air Squat
エア・スクワット

▼
脚＆ヒップ

つま先立ちにならない

1 **2** **3**

1.肩幅に足を開き、ややお尻を後ろに突き出すように立つ。 2.手を斜めに上げて、さらにお尻を突き出していく。
3.どんどんお尻を落とし、膝の高さより下にくるまでしゃがんだら１に戻る。

年 月 日

▽ 2 rounds of : 5min AMRAP : A + B + C
REST 2min30 b/t sets

A Mountain Climber
マウンテン・クライマー

20 REPS

1. 腕立ての姿勢からスタート。手は肩の真下で、顔は正面を向く。2. 弾みをつけて右足で軽く床を蹴って膝を前に出し着地。3. 右足を戻すと同時に左膝を前に出して足を入れ替える。右で1回、左で1回とカウント。リズミカルに繰り返す。

B Sit Up
シット・アップ

▼
腹筋

10 REPS

準備するもの:バスタオル

1. 仰向けになり、腰の隙間にバスタオルを敷く。腕を上げて、足裏同士をつける。2. 腕の反動を使い、つま先をめがけて上体を起こす。3. 完全に起き上がり、つま先にタッチ。1に戻って繰り返す。

C Squat Clean
スクワット・クリーン

5 REPS

▼
脚&ヒップ
&二の腕

スクワットはかかとをつけたまま

準備するもの:
2ℓペットボトル
×2本

1. ペットボトルのキャップが床につくまで前傾。2. 股関節の伸展を使って立ち上がる。3. ペットボトルを持ち上げて肩にのせながら、お尻を引いてスクワット。4. そのまままっすぐ立ち上がる。1に戻って繰り返す。

6th STAGE

ステージ6

MISSION

ここで止めずに
さらなる進化を続けよう

MESSAGE FROM AYA

10ステージ中、半分クリアできましたね。素晴らしい！ 筋肉痛が起きにくくなったり、たるんでいた部分が引き締まったり、カラダ全体が軽くなったり。それぞれ変化を実感できていると思います。それは、あなたが日々積み上げた努力の成果。まだチャレンジは続きますが、後半の5ステージも、あなたの根性と精神力があれば大丈夫。残りも、AYAと二人三脚でぶっ飛ばしていきましょう！

年　　　月　　　日

▽ 3 rounds of：A + B + C

A | Rock Climber
ロック・クライマー

20 REPS

> 岩を大きく駆け上がるイメージで！

1
腕立ての姿勢からスタート。
手は肩の真下で、
顔は正面を向く。

2
弾みをつけて右足で
軽く床を蹴って膝を前に出し、
ひじとつくくらいの位置で着地。

3
右足を戻すと同時に左膝を
前に出して脚を入れ替える。
右で1回、左で1回とカウント。
リズミカルに繰り返す。

B | Dead Lift
デッド・リフト

二の腕
&背中

16 REPS

準備するもの：
2ℓペットボトル×2本

1.両手にペットボトルを持って足を肩幅に開いて立ち、膝を曲げる。2.ペットボトルのキャップを床につけたらすぐに膝を伸ばして立ち上がる。これを繰り返す。

C | Split Squat
スプリット・スクワット

脚&
ヒップ

8 REPS（左足前）　**8 REPS**（右足前）

準備するもの：
2ℓペットボトル×2本

1.両脚を前後に開き、後ろ脚の膝は床に。両手に持ったペットボトルを肩のポジションに。2.後ろ脚を伸ばし立ち上がったら、1の姿勢に戻る。指定回数行ったら、反対足を前にして同様に。

年　　　月　　　日

🕐 5min AMRAP： **A** + **B** + **C**

A ゴブレット・リバース・ランジ
Goblet Reverse Lunge

▼
脚&ヒップ

10 REPS

準備するもの：
2ℓペットボトル×1本

1.両足を肩幅に開いて立ち、ペットボトルを胸の前で両手で抱える。2.右脚を大きく後ろに引き、膝を床につける。1に戻り、左脚も同様に。右で1回、左で1回とカウント。

B クリーン&プレス
Clean & Press

▼
二の腕&
背中&脚

10 REPS

準備するもの：
2ℓペットボトル
×2本

1.両手に持ったペットボトルのキャップを床につける。2.股関節の伸展を使って、床から一気に持ち上げてペットボトルを肩にのせる。3.さらに腕をまっすぐ伸ばして、頭の上に上げる。

C プッシュ・アップ
Push Up

10 REPS

▼
二の腕
&背中

正しい腕立てでキレイな背中に

1
腕立ての姿勢に。
手をつく位置は
肩の真下。

2
脇を締めたまま
ひじを引き、
胸を床につける。

3
手のひらで床を押し、
ひじを伸ばして
腹筋を使い、1に戻る。

年　　月　　日

▽ 2 rounds of：A + B　　2 rounds of：A + C

A | Butt Kick バット・キック

30 REPS

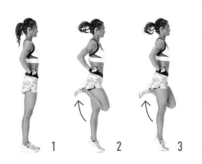

1 2 3

1.両手を腰に当ててまっすぐに立つ。2.片足で軽く跳ねながら反対足かかとでお尻をタッチ。3.反対も同様に。これを繰り返す。右で1回、左で1回とカウント。

B | Russian Swing ロシアン・スイング

▼
脚&ヒップ

15 REPS

準備するもの：
2ℓペットボトル×2本

1

2

1.肩幅に足を開いて立ち、ペットボトルを両手にそれぞれ持つ。お尻を後ろに引く。2.ペットボトルを肩の高さまで上げる。腕で振り上げようとするのではなく、股関節を前に突き出す勢いで上げる。

C | Thruster スラスター

15REPS

▼
脚&ヒップ
&二の腕

お尻は膝より下まで落とす

準備するもの：2ℓペットボトル×2本

1 2 3

1.
両手に持ったペットボトルを
肩のポジションに。

2.
お尻を引いて
膝を曲げてスクワット。

3.
膝を伸ばして立ち上がる
勢いを使って、頭の上
まで一気にまっすぐ
ペットボトルを上げる。

年　　　月　　　日

▽ 4 rounds of：Ⓐ + **B**

Ⓐ Rock Climber
ロック・クライマー

20 sec ON / **10** sec REST

脇を締めて、ひじは開かないこと

1
腕立ての姿勢からスタート。
手は肩の真下で、
顔は正面を向く。

2
弾みをつけて右足で
軽く床を蹴って膝を前に出し、
ひじとつくくらいの位置で着地。

3
右足を戻すと同時に左膝を
前に出して脚を入れ替える。
右で1回、左で1回とカウント。
リズミカルに繰り返す。

6th STAGE

B Squat Clean
スクワット・クリーン

20 sec ON / **10** sec REST

▼
脚&ヒップ
&二の腕

スクワットはつま先立ちにならない

準備するもの：
2ℓペットボトル
×2本

1.ペットボトルのキャップが床につくまで前傾。2.股関節の伸展を使って立ち上がる。3.ペットボトルを持ち上げて肩にのせながら、お尻を引いてスクワット。4.そのまままっすぐ立ち上がる。1に戻って繰り返す。

A

Double D. B.Snatch
ダブル・ダンベル・スナッチ

▼
二の腕&
背中&ヒップ

2つのウエイトを上げ下ろし

準備するもの：
2ℓペットボトル
×2本

1.
足を肩幅より広めに開いて
立ち、床に置いた
2本のペットボトルを
左右の手でそれぞれつかむ。

1

2

3

2.
上体を起こしながら、
ペットボトルを
一気に肩の前まで
持ち上げる。

3.
頭の上まで
まっすぐ上げたら
1に戻る。

B

Air Squat
エア・スクワット

▼
脚&ヒップ

膝はつま先より前に出ない

1

2

3

1.肩幅に足を開き、ややお尻を後ろに突き出すように立つ。2.手を斜めに上げて、さらにお尻を突き出していく。
3.どんどんお尻を落とし、膝の高さより下にくるまでしゃがんだら1に戻る。

年　　月　　日

⏱ 8 min EMOM：**A** + **B**

A

Front Squat
フロント・スクワット

15 REPS

▼
脚&ヒップ

ウエイトの位置をキープしてスクワット

準備するもの：
2ℓペットボトル×2本

1.
足を肩幅に開いて立ち、
両手に持った
ペットボトルを
肩のポジションに。

2.
お尻を引きながら、
膝を曲げる。

1 **2**

B

Press
プレス

15 REPS

▼
二の腕
&背中

ウエイトをしっかり
上げきってから下ろす

準備するもの：
2ℓペットボトル×2本

1.
両手に持った
ペットボトルを
肩のポジションに。

2.
一気に腕を伸ばして
ペットボトルを
持ち上げる。
これを繰り返す。

1 **2**

6th STAGE

A
Power Clean
パワー・クリーン

▼
二の腕
&脚

25 REPS

準備するもの：
2ℓペットボトル×2本

1 **2**

1.ペットボトルを左右それぞれの手に持ち、前傾
姿勢でキャップを床につける。2.股関節の伸展を
使って、床から肩まで一気に持ち上げる。

B
Seated Row
シーテッド・ロウ

▼
二の腕&
背中&腹筋

25 REPS

準備するもの：
2ℓペットボトル×2本

1 **2**

1.脚を前に伸ばして床に座る。ペットボトルを左
右それぞれの手で持ち、ひじを引く。2.お腹の力を
抜かず、肩の高さで、ペットボトルを前に突き出す。

C
Rockies
ロッキース

▼
腹筋
&ウエスト

50 REPS

お腹の力で脚の位置をキープ！

準備するもの：2ℓペットボトル×1本

1
膝を立てて座り、脚を浮かせる。
ペットボトルを
両手ではさむように持つ。

2
ひじを張り、
顔と足先は正面のまま、
腰を右にツイスト。

3
左にツイスト。右にひねって1
回、左にひねって1回とカウント。
キツければ水の量を減らしても。

▽ 4 rounds of : **A** + **B** + **C**

A

Double D. B.Snatch
ダブル・ダンベル・スナッチ

30 sec ON / **15** sec REST

▼
二の腕&
背中&ヒップ

全身を使って持ち上げる

準備するもの：
２ℓペットボトル
×２本

1.
足を肩幅より広めに開いて
立ち、床に置いた
２本のペットボトルを
左右の手でそれぞれつかむ。

2.
上体を起こしながら、
ペットボトルを
一気に肩の前まで
持ち上げる。

3.
頭の上まで
まっすぐ上げたら
１に戻る。

6th STAGE

B

Rock Climber
ロック・クライマー

30 sec ON / 15 sec REST

1.腕立ての姿勢からスタート。手は肩の真下で、顔は正面を向く。2.弾みをつけて右足で軽く床を蹴って膝を前に出し、ひじとつくらいの位置で着地。3.右足を戻すと同時に左膝を前に出して脚を入れ替える。右で１回、左で１回とカウント。リズミカルに繰り返す。

C

Sit Up
シット・アップ

▼
腹筋

30 sec ON / 15 sec REST

準備するもの：バスタオル

1.仰向けになり、腰の隙間にバスタオルを敷く。腕を上げて、足裏同士をつける。2.腕の反動を使い、つま先をめがけて上体を起こす。3.完全に起き上がり、つま先にタッチ。１に戻って繰り返す。

A Squat Clean
スクワット・クリーン

ひとつひとつの動きを丁寧に

準備するもの：
2ℓペットボトル
×2本

1 　　2 　　3 　　4

1.ペットボトルのキャップが床につくまで前傾。2.股関節の伸展を使って立ち上がる。3.ペットボトルを持ち上げて肩にのせながら、お尻を引いてスクワット。4.そのまままっすぐ立ち上がる。1に戻って繰り返す。

B Press
プレス

ウエイトを下げる時は
肩甲骨を寄せて

準備するもの：
2ℓペットボトル×2本

1.
両手に持った
ペットボトルを
肩のポジションに。

2.
一気に腕を伸ばして
ペットボトルを
持ち上げる。
これを繰り返す。

1 　　2

DAY **60**

年　　　月　　　日

▽ 2 rounds of : 5min AMRAP : A + B + C
REST 2min30 b/t sets

A — Half Burpee ハーフ・バーピー

10 REPS

手をつく位置が開きすぎないように

1
両足を肩幅に開いて
立ち、膝を曲げて
前かがみになり、
両手を肩幅で床につく。

2
手はそのまま、
両足で床を軽く蹴り、
揃えて後ろに伸ばす。

3
手をついたまま軽く
床を蹴り両膝を前に。
両足を開いて
両手の手前で着地。

4
立ち上がり、両手を
頭の上で合わせる。
1に戻って繰り返す。

B — Thruster スラスター

▼
脚&ヒップ
&二の腕

10 REPS

準備するもの:
2ℓペットボトル×2本

1.両手に持ったペットボトルを肩のポジション
に。2.お尻を引いて膝を曲げてスクワット。3.膝
を伸ばして立ち上がる勢いを使って、頭の上まで
一気にまっすぐペットボトルを上げる。

C — Weighted Toe-Tap ウエイテッド・トウ・タップ

▼
腹筋
&背中

10 REPS

準備するもの:
2ℓペットボトル×1本

1.仰向けに寝て、ペットボトルを頭の上で持つ。
腹筋を使って両脚を90度まで上げる。2.つま先は
フレックスの状態で、ペットボトルでタッチ。

6th STAGE

79

7th STAGE

ステージ7

MISSION

人のためではなく、
自分のために変わろう

MESSAGE FROM AYA

ダイエットをするのも、ダイエットで変わる
のも、他の誰でもない、あなた自身です。"誰
かの価値基準"に振り回されるのではなく、
"なりたい自分"に、あなた自身が近づくこ
とがダイエット！　キツくなってきたかもし
れませんが、ここまでステージをクリアでき
た達成感があるはず。このまま突き進めば、
自分史上最高のあなたに出会えます。自信に
満ち溢れ、内から輝くあなたに。

A　Rock Climber
ロック・クライマー

20 REPS

1
2
3

1.腕立ての姿勢からスタート。手は肩の真下で、顔は正面を向く。2.弾みをつけて右足で軽く床を蹴って膝を前に出し、ひじとつくくらいの位置で着地。3.右足を戻すと同時に左膝を前に出して脚を入れ替える。右で1回、左で1回とカウント。リズミカルに繰り返す。

B　Split Thruster
スプリット・スラスター

▼
脚&ヒップ
&二の腕
&背中

10 REPS（左足前）　10 REPS（右足前）

準備するもの：
2ℓペットボトル×2本

1
2

1. 両脚を前後に開き、後ろ脚の膝は床に。両手に持ったペットボトルを肩のポジションに。2. 後ろ脚を伸ばしながら、ペットボトルを頭の上に上げる。指定回数行ったら、反対足を前にして同様に。

C　Sit Up
シット・アップ

20 REPS

▼
腹筋

定番の腹筋運動を丁寧に

準備するもの：バスタオル

1
仰向けになり、腰の隙間にバスタオルを敷く。腕を上げて、足裏同士をつける。

2
腕の反動を使い、つま先をめがけて上体を起こす。

3
完全に起き上がり、つま先にタッチ。1に戻って繰り返す。

A Butt Kick
バット・キック

20 REPS

1.両手を腰に当ててまっすぐに立つ。2.片足で軽く跳ねながら反対足かかとでお尻をタッチ。3.反対も同様に。これを繰り返す。右で1回、左で1回とカウント。

B D.B.Snatch
ダンベル・スナッチ

▼
二の腕&
背中&ヒップ

15 REPS

準備するもの：2ℓペットボトル×1本

1.肩幅より広めに足を開いて立ち、床に置いたペットボトルを片手でつかむ。2.上体を起こしながら、ペットボトルを一気に持ち上げる。3.頭の上までまっすぐ上げきったら1に戻り、反対も同様に。右で1回、左で1回とカウント。

C Superman Push Up
スーパーマン・プッシュ・アップ

10 REPS

▼
二の腕
&背中

背中をスッキリさせる腕立て伏せ

1.腕立ての姿勢から。両手は肩の真下でつき、脇を締めて肩幅より開かないように。
2.脇を締めたまま両ひじを引き、胸を床につける。
3.両腕を前に伸ばす。両手は床につかない。
4.両手を胸の脇につき、腕を伸ばして1の姿勢に戻る。

DAY **63**

年　　　月　　　日

▽ 2 rounds of： A ＋ B　　2 rounds of： A ＋ C

A Half Burpee
ハーフ・バービー

10 REPS

> 腕立て姿勢は腰が落ちないように

1
両足を肩幅に開いて
立ち、膝を曲げて
前かがみになり、
両手を肩幅で床につく。

2
手はそのまま、
両足で床を軽く蹴り、
揃えて後ろに伸ばす。

3
手をついたまま軽く
床を蹴り両膝を前に。
両足を開いて
両手の手前で着地。

4
立ち上がり、両手を
頭の上で合わせる。
1 に戻って繰り返す。

B Squat Clean
スクワット・クリーン

▼
脚&ヒップ
&二の腕

12 REPS

準備するもの：2ℓペットボトル×2本

1.ペットボトルのキャップが床につくまで前傾。
2.股関節の伸展を使って立ち上がる。3.ペットボトルを持ち上げて肩にのせながら、お尻を引いてスクワット。4.そのまままっすぐ立ち上がる。1に戻って繰り返す。

C Front Rack Lunge
フロント・ラック・ランジ

▼
脚&ヒップ

12 REPS

準備するもの：
2ℓペットボトル×2本

1.両手にペットボトルを持ち、肩のポジションに。2.右脚を大きく前に一歩踏み出す。右足で床を押して1に戻り、左足も同様に。右で1回、左で1回とカウント。

年　　　月　　　日

▽ 4 rounds of : A + B

A Double D. B.Snatch
ダブル・ダンベル・スナッチ

20 sec ON / **10** sec REST

▼
二の腕&
背中&ヒップ

フォームが安定するウエイトの重さで

準備するもの：
2ℓペットボトル
×2本

1.
足を肩幅より広めに開いて
立ち、床に置いた
2本のペットボトルを
左右の手でそれぞれつかむ。

1

2

2.
上体を起こしながら、
ペットボトルを
一気に肩の前まで
持ち上げる。

3.
頭の上まで
まっすぐ上げたら
1に戻る。

3

B Weighted Toe-Tap
ウエイテッド・トウ・タップ

20 sec ON / **10** sec REST

▼
腹筋
&背中

つま先がムリならすねタッチでもOK

準備するもの：
2ℓペットボトル×1本

1

仰向けに寝て、ペットボトルを頭の上で持つ。
腹筋を使って両脚を90度まで上げる。

2

つま先はフレックスの状態で、
ペットボトルでタッチ。

年　　　　月　　　　日

≡ Sets 30-20-10： A ＋ B ＋ C

A Star Jump
スター・ジャンプ

1 **2** **3**

1. 足同士をつけてまっすぐ立つ。両手は太ももの横に。2. ひじを曲げ手のひらを正面に向けて上げるのと同時に、足を開きながら小さくジャンプして着地。3. 小さく跳んで1の基本姿勢に戻り、ふたたびジャンプ。

B Air Squat
エア・スクワット

▼
脚&ヒップ

1 **2** **3**

1. 肩幅に足を開き、ややお尻を後ろに突き出すように立つ。2. 手を斜めに上げて、さらにお尻を突き出していく。3. どんどんお尻を落とし、膝の高さより下にくるまでしゃがんだら1に戻る。

C Clean & Press
クリーン&プレス

▼
二の腕&
背中&脚

ウエイトを上げきったらゆっくり戻す

準備するもの：
2ℓペットボトル×2本

1
両手に持った
ペットボトルのキャップ
を床につける。

2
股関節の伸展を使って、
床から一気に持ち上げて
ペットボトルを肩にのせる。

3
さらに腕を
まっすぐ伸ばして、
頭の上に上げる。

DAY **66**

年　　月　　日

⏱ 8 min EMOM：A + B

A

Split Thruster
スプリット・スラスター

8 REPS（左足前）**8** REPS（右足前）

▼
脚&ヒップ
&二の腕
&背中

ペットボトルが肩のラインより、
前や後ろにいかないように！

準備するもの：
2ℓペットボトル×2本

1.
両脚を前後に開き、
後ろ脚の膝は床に。
両手に持ったペットボトルを
肩のポジションに。

2.
後ろ脚を伸ばしながら、
ペットボトルを
頭の上に上げる。
指定回数行ったら、
反対足を前にして同様に。

B

Thruster
スラスター

12 REPS

▼
脚&ヒップ
&二の腕

しっかりしゃがんでから立ち上がる

準備するもの：2ℓペットボトル×2本

1.
両手に持ったペットボトルを
肩のポジションに。

2.
お尻を引いて
膝を曲げてスクワット。

3.
膝を伸ばして立ち上がる
勢いを使って、頭の上
まで一気にまっすぐ
ペットボトルを上げる。

A　Mountain Climber
マウンテン・クライマー

30 REPS

> 肩の真下で手をついて

1
腕立ての姿勢からスタート。
手は肩の真下で、
顔は正面を向く。

2
弾みをつけて
右足で軽く床を蹴って
膝を前に出し着地。

3
右足を戻すと同時に
左膝を前に出して足を入れ替える。
右で1回、左で1回とカウント。
リズミカルに繰り返す。

B　Clean & Press
クリーン&プレス

▼
二の腕&
背中&脚

25 REPS

準備するもの:
2ℓペットボトル
×2本

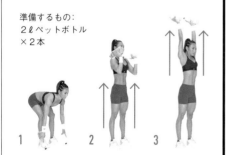

1.両手に持ったペットボトルのキャップを床に
つける。2.股関節の伸展を使って、床から一気に
持ち上げてペットボトルを肩にのせる。3.さらに
腕をまっすぐ伸ばして、頭の上に上げる。

C　Sit Up
シット・アップ

▼
腹筋

50 REPS

準備するもの:バスタオル

1.仰向けになり、腰の隙間にバスタオルを敷く。
腕を上げて、足裏同士をつける。2.腕の反動を使
い、つま先をめがけて上体を起こす。3.完全に起
き上がり、つま先にタッチ。1に戻って繰り返す。

年　　月　　日

▽ 4 rounds of : A + B + C

A | Ab Bike
アブ・バイク

30 sec ON / **15** sec REST

▼
腹筋
&ウエスト

> 頭でなく下腹部から上体を起こす

1
仰向けになり、
両手を耳のあたりに置く。

2
腹筋を使って上体を起こして右に
ひねりながら、右膝と左ひじを近づける。
左脚は床から浮かせたまま。
反対も同様に。
右で1回、左で1回とカウント。

B | Squat Clean
スクワット・クリーン

▼
脚&ヒップ
&二の腕

30 sec ON / 15 sec REST

準備するもの:2ℓペットボトル×2本

1 **2** **3** **4**

1.ペットボトルのキャップが床につくまで前傾。
2.股関節の伸展を使って立ち上がる。3.ペットボ
トルを持ち上げて肩にのせながら、お尻を引いて
スクワット。4.そのまままっすぐ立ち上がる。1
に戻って繰り返す。

C | Russian Swing
ロシアン・スイング

▼
脚&ヒップ

30 sec ON / 15 sec REST

準備するもの:
2ℓペットボトル×2本

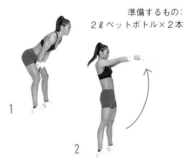

1
2

1.肩幅に足を開いて立ち、ペットボトルを両手にそ
れぞれ持つ。お尻を後ろに引く。2.ペットボトルを
肩の高さまで上げる。腕で振り上げようとするの
ではなく、股関節を前に突き出す勢いで上げる。

A　Seated Row
シーテッド・ロウ

▼
二の腕&
背中&腹筋

肩甲骨を寄せてウエイトを引く

準備するもの:
2ℓペットボトル×2本

1
脚を前に伸ばして床に座る。
ペットボトルを左右それぞれの
手で持ち、ひじを引く。

2
お腹の力を抜かず、肩の高さで、
ペットボトルを前に突き出す。

NG
腕は床と水平
に出すこと。

B　Thruster
スラスター

▼
脚&ヒップ
&二の腕

体幹を使ってブレない姿勢をキープ

準備するもの:2ℓペットボトル×2本

1.
両手に持ったペットボトルを
肩のポジションに。

2.
お尻を引いて
膝を曲げてスクワット。

3.
膝を伸ばして立ち上がる
勢いを使って、頭の上
まで一気にまっすぐ
ペットボトルを上げる。

1　　**2**　　**3**

DAY **70**

年　　月　　日

▽ 2 rounds of : 6min AMRAP : A + B + C
REST 3min b/t sets

A　Front Squat
フロント・スクワット

脚&ヒップ　**12 REPS**

準備するもの：
2ℓペットボトル
×2本

1.足を肩幅に開いて立ち、両手に持ったペットボトルを肩のポジションに。2.お尻を引きながら、膝を曲げる。

B　Weighted Glute Bridge
ウエイテッド・グルート・ブリッジ

ヒップ　**12 REPS**

準備するもの：
2ℓペットボトル
×1本

1.仰向けになり、踏ん張りやすいポジションで両膝を立てる。おへその下あたりに、ペットボトルを置く。2.お尻の穴を締めながら、ヒップを限界まで上げる。ヒップを下ろしたらすぐまた上げるのを繰り返す。

C　Press Hold Leg Raise
プレス・ホールド・レッグ・レイズ

12 REPS

腹筋
&二の腕

`腰は床にぴったりつけたまま`
準備するもの：2ℓペットボトル×1本

1
仰向けに寝て、ペットボトルを両手で持ち、真上に上げる。両脚を90度アップ。

2
両脚を床ギリギリまでダウン。
脚を伸ばしたまま上げ下げを繰り返す。

8th STAGE

ステージ8

MISSION

自分で自分の
限界を決めない！

MESSAGE FROM AYA

やっとゴールが見えてきましたね。「キツすぎてもうダメ……」と心が折れそうになってからのもうひと踏ん張りが、動ける筋肉を作り、メンタルも強くしてくれます。本当にもうそこまでしか動けない？　このステージまで続けられたあなたの限界は、絶対にそんなものじゃない！　自分で自分の可能性を狭めないで。今思う限界のその先に、なりたい自分自身が待っています。

年　　　　月　　　　日

▽ 3 rounds of： A + B + C

A | Sit Up
シット・アップ

▼
腹筋

30 REPS

準備するもの：バスタオル

1. 仰向けになり、腰の隙間にバスタオルを敷く。腕を上げて、足裏同士をつける。2. 腕の反動を使い、つま先をめがけて上体を起こす。3. 完全に起き上がり、つま先にタッチ。1 に戻って繰り返す。

B | Thruster
スラスター

▼
脚&ヒップ
&二の腕

20 REPS

準備するもの：
2ℓ ペットボトル×2本

1. 両手に持ったペットボトルを肩のポジションに。2. お尻を引いて膝を曲げてスクワット。3. 膝を伸ばして立ち上がる勢いを使って、頭の上まで一気にまっすぐペットボトルを上げる。

C | Burpee
バーピー

10 REPS

ジャンプは低くてOK。脂肪燃焼度MAX！

1. 両足を肩幅に開き、膝を曲げて、両手を肩幅で床につく。2. 両足で床を軽く蹴り、揃えて後ろに伸ばす。3. ひじを引き、胸を床に。4. 両腕の力を使ってカラダを押し上げる。5. 手をついたまま軽く床を蹴り両膝を前に。両足を開いて両手の手前で着地。6. 立ち上がり、両手を上げてジャンプ。

年　　　月　　　日

⏱ 6min AMRAP： A + B + C

A

Double D. B.Snatch
ダブル・ダンベル・スナッチ

10 REPS

▼
二の腕&
背中&ヒップ

左右のウエイトをバランスよく上げる

準備するもの:
2ℓペットボトル
×2本

1.
足を肩幅より広めに開いて
立ち、床に置いた
2本のペットボトルを
左右の手でそれぞれつかむ。

2.
上体を起こしながら、
ペットボトルを
一気に肩の前まで
持ち上げる。

3.
頭の上まで
まっすぐ上げたら
1に戻る。

B

Front Squat
フロント・スクワット

▼
脚&ヒップ

10 REPS

準備するもの:
2ℓペットボトル
×2本

1.足を肩幅に開いて立ち、両手に持ったペットボ
トルを肩のポジションに。2.お尻を引きながら、
膝を曲げる。

C

Weighted Toe-Tap
ウエイテッド・トウ・タップ

▼
腹筋
&背中

10 REPS

準備するもの:
2ℓペットボトル×1本

1.仰向けに寝て、ペットボトルを頭の上で持つ。
腹筋を使って両脚を90度まで上げる。2.つま先は
フレックスの状態で、ペットボトルでタッチ。

DAY **73**

▽ 2 rounds of：A + B　2 rounds of：A + C

A Rock Climber
ロック・クライマー

20 REPS

> 岩山を軽やかに駆け上がるように！

1
腕立ての姿勢からスタート。
手は肩の真下で、
顔は正面を向く。

2
弾みをつけて右足で
軽く床を蹴って膝を前に出し、
ひじとつくくらいの位置で着地。

3
右足を戻すと同時に左膝を
前に出して脚を入れ替える。
右で1回、左で1回とカウント。
リズミカルに繰り返す。

B Over Head Lunge
オーバー・ヘッド・ランジ

▼
脚&ヒップ
&二の腕

12 REPS

準備するもの：
2ℓペットボトル×1本

1 **2**

1. まっすぐ立ち、両手で持ったペットボトルを
頭の上へ。腕はまっすぐ伸ばす。2. 腕はそのまま、
右脚を踏み出し膝を曲げる。後ろの膝は床につけ
る。1に戻り、反対の足も同様に。右で1回、左
で1回とカウント。

C Over Head Reverse Lunge
オーバー・ヘッド・リバース・ランジ

▼
脚&ヒップ
&二の腕

6 REPS (右手) 6 REPS (左手)

準備するもの：
2ℓペットボトル×1本

1 **2**

1. まっすぐ立ち、右手に持ったペットボトルを肩の
真上にまっすぐ上げる。2. 右脚を引いて膝を床に
つけたら1に戻り、左足も同様に。右足で1回、左
足で1回とカウント。指定回数行ったら、左手にペッ
トボトルを持ち替えて同様に繰り返す。

DAY **74**

年　　月　　日

▽ 4 rounds of : A ＋ B

A | Burpee
バーピー

20 sec ON / **10** sec REST

腕立ては脇をしっかり締めて！

1. 両足を肩幅に開き、膝を曲げて、両手を肩幅で床につく。2. 両足で床を軽く蹴り、揃えて後ろに伸ばす。3. ひじを引き、胸を床に。4. 両腕の力を使ってカラダを押し上げる。5. 手をついたまま軽く床を蹴り両膝を前に。両足を開いて両手の手前に着地。6. 立ち上がり、両手を上げてジャンプ。

B | Split Thruster
スプリット・スラスター

20 sec ON / **10** sec REST

▼
脚&ヒップ
&二の腕
&背中

全身をバランスよく鍛える

準備するもの：
2ℓペットボトル×2本

1.
両脚を前後に開き、
後ろ脚の膝は床に。
両手に持ったペットボトルを
肩のポジションに。

2.
後ろ脚を伸ばしながら、
ペットボトルを
頭の上に上げる。
指定回数行ったら、
反対足を前にして同様に。

1セット目、3セット目は右足前、
2セット目、4セット目は左足前。

8th STAGE

年　　　月　　　日

≡ Sets 30-20-10： A + B + C

A

Dead Lift
デッド・リフト

▼
二の腕
&背中

足裏全体に重心を置く

準備するもの：
2ℓペットボトル×2本

1.
両手に
ペットボトルを持って
足を肩幅に開いて立ち、
膝を曲げる。

2.
ペットボトルのキャップを
床につけたらすぐに
膝を伸ばして立ち上がる。
これを繰り返す。

B

Squat Clean
スクワット・クリーン

▼
脚&ヒップ
&二の腕

準備するもの：
2ℓペットボトル×2本

1.ペットボトルのキャップが床につくまで前傾。
2.股関節の伸展を使って立ち上がる。3.ペットボ
トルを持ち上げて肩にのせながら、お尻を引いて
スクワット。4.そのまままっすぐ立ち上がる。1
に戻って繰り返す。

C

Press
プレス

▼
二の腕
&背中

準備するもの：
2ℓペットボトル×2本

1.両手に持ったペットボトルを肩のポジション
に。2.一気に腕を伸ばしてペットボトルを持ち上
げる。これを繰り返す。

⏱ 8 min EMOM：Ａ ＋ Ｂ

A Burpee
バーピー

10 REPS

キツくなっても、腕立て＋ジャンプは丁寧に

1.両足を肩幅に開き、膝を曲げて、両手を肩幅で床につく。2.両足で床を軽く蹴り、揃えて後ろに伸ばす。3.ひじを引き、胸を床に。4.両腕の力を使ってカラダを押し上げる。5.手をついたまま軽く床を蹴り両膝を前に。両足を開いて両手の手前で着地。6.立ち上がり、両手を上げてジャンプ。

B Squat Clean
スクワット・クリーン

16 REPS

▼
脚&ヒップ
&二の腕

スクワットでしっかりかかとをつける

準備するもの：
2ℓペットボトル
×2本

1.ペットボトルのキャップが床につくまで前傾。2.股関節の伸展を使って立ち上がる。3.ペットボトルを持ち上げて肩にのせながら、お尻を引いてスクワット。4.そのまままっすぐ立ち上がる。1に戻って繰り返す。

A
Russian Swing
ロシアン・スイング

脚&ヒップ

30 REPS

準備するもの:
2ℓ ペットボトル×2本

1.肩幅に足を開いて立ち、ペットボトルを両手にそれぞれ持つ。お尻を後ろに引く。2.ペットボトルを肩の高さまで上げる。腕で振り上げようとするのではなく、股関節を前に突き出す勢いで上げる。

B
Ab Bike
アブ・バイク

腹筋
&ウエスト

30 REPS

1.仰向けになり、両手を耳のあたりに置く。2.腹筋を使って上体を起こして右にひねりながら、右膝と左ひじを近づける。左脚は床から浮かせたまま。反対も同様に。右で1回、左で1回とカウント。

C
Goblet Squat
ゴブレット・スクワット

30 REPS

脚&ヒップ

膝はつま先より前に出ない

準備するもの:2ℓ ペットボトル×1本

NG

背中は丸めない。
目線は正面のままで。

1 ペットボトルを胸の位置で抱え、足を肩幅に開いて立つ。

2 お尻を引きながら、膝を曲げる。

A　Power Clean
パワー・クリーン

二の腕
&脚

30 sec ON / 15 sec REST

準備するもの：
2ℓペットボトル×2本

1. ペットボトルを左右それぞれの手に持ち、前傾姿勢でキャップを床につける。2. 股関節の伸展を使って、床から肩まで一気に持ち上げる。

B　Weighted Toe-Tap
ウエイテッド・トウ・タップ

腹筋
&背中

30 sec ON / 15 sec REST

準備するもの：
2ℓペットボトル×1本

1. 仰向けに寝て、ペットボトルを頭の上で持つ。腹筋を使って両脚を90度まで上げる。2. つま先はフレックスの状態で、ペットボトルでタッチ。

C　Superman Push Up
スーパーマン・プッシュ・アップ

30 sec ON / 15 sec REST

二の腕
&背中

指先は正面に向けて

1. 腕立ての姿勢から。両手は肩の真下でつき、脇を締めて肩幅より開かないように。
2. 脇を締めたまま両ひじを引き、胸を床につける。
3. 両腕を前に伸ばす。両手は床につかない。
4. 両手を胸の脇につき、腕を伸ばして1の姿勢に戻る。

年　　　月　　　日

☰ Sets 10-9-8-7-6-5-4-3-2-1 : A + B

A

Double D.B.Snatch
ダブル・ダンベル・スナッチ

▼

二の腕&
背中&ヒップ

> ウエイトは体に添わせて持ち上げる

準備するもの：
2ℓペットボトル
×2本

1.
足を肩幅より広めに開いて
立ち、床に置いた
2本のペットボトルを
左右の手でそれぞれつかむ。

2.
上体を起こしながら、
ペットボトルを
一気に肩の前まで
持ち上げる。

3.
頭の上まで
まっすぐ上げたら
1に戻る。

B

Half Burpee
ハーフ・バーピー

> 着地時かかとが床につかない人は、足を広めに開く

1
両足を肩幅に開いて
立ち、膝を曲げて
前かがみになり、
両手を肩幅で床につく。

2
手はそのまま、
両足で床を軽く蹴り、
揃えて後ろに伸ばす。

3
手をついたまま軽く
床を蹴り両足を前に。
両足を開いて
両手の手前で着地。

4
立ち上がり、両手を
頭の上で合わせる。
1に戻って繰り返す。

年　　　月　　　日

▽ 2 rounds of : 6min AMRAP： A + B + C
REST 3min b/t sets

A

Over Head Reverse Lunge
オーバー・ヘッド・リバース・ランジ

▼
脚&ヒップ
&二の腕

6 REPS（右手）6 REPS（左手）

準備するもの：
2ℓペットボトル×1本

1. まっすぐ立ち、右手に持ったペットボトルを肩の真上にまっすぐ上げる。2. 右脚を引いて膝を床につけたら1に戻り、左足も同様に。右足で1回、左足で1回とカウント。指定回数行ったら、左手にペットボトルを持ち替えて同様に繰り返す。

B

Seated Press
シーテッド・プレス

▼
二の腕&
背中&腹筋

12 REPS

準備するもの：
2ℓペットボトル×2本

1. 両脚を伸ばして座り、ペットボトルを左右それぞれの手に持ち、肩にのせる。2. お腹に力を入れ、ペットボトルを肩の真上にまっすぐ押し上げる。

C

Sit Up
シット・アップ

12 REPS

▼
腹筋

`肩に力が入らないように`
準備するもの：バスタオル

1
仰向けになり、腰の隙間に
バスタオルを敷く。腕を上げて、
足裏同士をつける。

2
腕の反動を使い、
つま先をめがけて
上体を起こす。

3
完全に起き上がり、
つま先にタッチ。
1に戻って繰り返す。

SEMI FINAL STAGE

ステージ9

MISSION

衣食住＋フィットネスを
当たり前のライフスタイルに！

MESSAGE FROM AYA

もうそろそろ毎日カラダを動かすことが習慣になってきているのでは？「運動をしないと気持ちが悪い」と思えるようになっていたら完璧！　好きな服を着て、カラダにいい食事をして、リラックスできる空間に暮らすように、カラダを動かすことも、あなたのライフスタイルの一部になっているのが理想。さあ、いよいよセミファイナルステージ！　ラストステージまで戦い抜く強さを手に入れて。

A

Seated Press
シーテッド・プレス

▼
二の腕&
背中&腹筋

12 REPS

準備するもの:
2ℓペットボトル×2本

1.両脚を伸ばして座り、ペットボトルを左右それ
ぞれの手に持ち、肩にのせる。2.お腹に力を入れ、
ペットボトルを肩の真上にまっすぐ押し上げる。

B

Squat Clean
スクワット・クリーン

▼
脚&ヒップ
&二の腕

12 REPS

準備するもの:2ℓペットボトル×2本

1.ペットボトルのキャップが床につくまで前傾。
2.股関節の伸展を使って立ち上がる。3.ペットボ
トルを持ち上げて肩にのせながら、お尻を引いて
スクワット。4.そのまままっすぐ立ち上がる。1
に戻って繰り返す。

C

Weighted Toe-Tap
ウエイテッド・トウ・タップ

12 REPS

▼
腹筋
&背中

体幹を使って引き寄せる

準備するもの:
2ℓペットボトル×1本

仰向けに寝て、ペットボトルを頭の上で持つ。
腹筋を使って両脚を90度まで上げる。

つま先はフレックスの状態で、
ペットボトルでタッチ。

年　　　月　　　日

⏱ 7min AMRAP： **A** ＋ **B** ＋ **C**

A

Double D. B.Snatch
ダブル・ダンベル・スナッチ

10 REPS

▼
二の腕&
背中&ヒップ

デコルテのラインもキレイに

準備するもの：
2ℓペットボトル
×2本

1.
足を肩幅より広めに開いて
立ち、床に置いた
2本のペットボトルを
左右の手でそれぞれつかむ。

2.
上体を起こしながら、
ペットボトルを
一気に肩の前まで
持ち上げる。

3.
頭の上まで
まっすぐ上げたら
1に戻る。

B

Split Thruster
スプリット・スラスター

▼
脚&ヒップ
&二の腕
&背中

5 REPS（左足前）5 REPS（右足前）

準備するもの：
2ℓペットボトル×2本

1. 両脚を前後に開き、後ろ脚の膝は床に。両手に
持ったペットボトルを肩のポジションに。2. 後ろ
脚を伸ばしながら、ペットボトルを頭の上に上げ
る。指定回数行ったら、反対足を前にして同様に。

C

Push Up
プッシュ・アップ

▼
二の腕
&背中

10 REPS

1. 腕立ての姿勢に。手をつく位置は肩の真下。
2. 脇を締めたままひじを引き、胸を床につける。
3. 手のひらで床を押し、ひじを伸ばして腹筋を使
い、1に戻る。

年　　　月　　　日

▽ 2 rounds of： A + B 　2 rounds of： C + B

A
Clean & Press
クリーン＆プレス

12 REPS

▼
二の腕&
背中&脚

背中のお肉をスッキリさせよう

準備するもの：
２ℓペットボトル×２本

1
両手に持った
ペットボトルのキャップ
を床につける。

2
股関節の伸展を使って、
床から一気に持ち上げて
ペットボトルを肩にのせる。

3
さらに腕を
まっすぐ伸ばして、
頭の上に上げる。

B
Ab Bike
アブ・バイク

▼
腹筋
&ウエスト

20 REPS

1

2

1.仰向けになり、両手を耳のあたりに置く。2.腹
筋を使って上体を起こして右にひねりながら、右
膝と左ひじを近づける。左脚は床から浮かせたま
ま。反対も同様に。右で１回、左で１回とカウント。

C
Thruster
スラスター

▼
脚&ヒップ
&二の腕

12 REPS

準備するもの：
２ℓペットボトル×２本

1 **2** **3**

1.両手に持ったペットボトルを肩のポジション
に。2.お尻を引いて膝を曲げてスクワット。3.膝
を伸ばして立ち上がる勢いを使って、頭の上まで
一気にまっすぐペットボトルを上げる。

A Clean & Press
クリーン&プレス

20 sec ON / **10** sec REST

▼
二の腕&
背中&脚

ウエイトは天井に向けて一気にプッシュ

準備するもの：
2ℓペットボトル×2本

1
両手に持った
ペットボトルのキャップ
を床につける。

2
股関節の伸展を使って、
床から一気に持ち上げて
ペットボトルを肩にのせる。

3
さらに腕を
まっすぐ伸ばして、
頭の上に上げる。

B Superman Push Up
スーパーマン・プッシュ・アップ

20 sec ON / **10** sec REST

▼
二の腕
&背中

手をつく位置が開かないよう注意

1.腕立ての姿勢から。両手は肩の真下でつき、脇を締めて肩幅より開かないように。
2.脇を締めたまま両ひじを引き、胸を床につける。
3.両腕を前に伸ばす。両手は床につかない。
4.両手を胸の脇につき、腕を伸ばして1の姿勢に戻る。

DAY **85**

年　　　　月　　　　日

☰ Sets 30-20-10 : A + B + C

A Half Burpee
ハーフ・バーピー

`腕立て姿勢は腹筋で支えて`

1
両足を肩幅に開いて
立ち、膝を曲げて
前かがみになり、
両手を肩幅で床につく。

2
手はそのまま、
両足で床を軽く蹴り、
揃えて後ろに伸ばす。

3
手をついたまま軽く
床を蹴り両膝を前に。
両足を開いて
両手の手前で着地。

4
立ち上がり、両手を
頭の上で合わせる。
1に戻って繰り返す。

B Front Squat
フロント・スクワット

▼
脚&ヒップ

準備するもの：
2ℓペットボトル
×2本

1.足を肩幅に開いて立ち、両手に持ったペットボトルを肩のポジションに。2.お尻を引きながら、膝を曲げる。

C Press Hold Leg Raise
プレス・ホールド・レッグ・レイズ

▼
腹筋

準備するもの：
2ℓペットボトル×1本

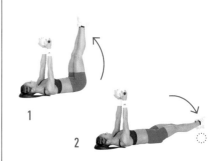

1.仰向けに寝て、ペットボトルを両手で持ち、真上に上げる。両脚を90度アップ。2.両脚を床ギリギリまでダウン。脚を伸ばしたまま上げ下げを繰り返す。

⏱ 8 min EMOM : **A** + **B**

A Cluster
クラスター

12 REPS

脚&ヒップ
&二の腕

立ち上がる勢いで腕を伸ばす

準備するもの:
2ℓペットボトル
×2本

1.ペットボトルを両手に持ち、キャップが床につくまで前傾姿勢に。2.股関節の進展を使って立ち上がる。3.ペットボトルを肩に持ち上げながら、お尻を引いてスクワット。4.そのまま立ち上がって、ペットボトルを頭の上までまっすぐ上げる。

B Over Head Reverse Lunge
オーバー・ヘッド・リバース・ランジ

8 REPS (右手) **8** REPS (左手)

脚&ヒップ
&二の腕

上体がブレないようキープ

準備するもの:
2ℓペットボトル×1本

1.
まっすぐ立ち、
右手に持ったペットボトルを
肩の真上にまっすぐ上げる。

2.
右脚を引いて膝を床につけたら
1に戻り、左足も同様に。
右足で1回、左足で1回と
カウント。指定回数行ったら、
左手にペットボトルを
持ち替えて同様に繰り返す。

SEMI FINAL STAGE

年　　　　月　　　　日

A + B + C + B + A

A | Rock Climber
ロック・クライマー

50 REPS

息が上がるのは燃焼している証拠

1
腕立ての姿勢からスタート。
手は肩の真下で、
顔は正面を向く。

2
弾みをつけて右足で
軽く床を蹴って膝を前に出し、
ひじとつくくらいの位置で着地。

3
右足を戻すと同時に左膝を
前に出して脚を入れ替える。
右で1回、左で1回とカウント。
リズミカルに繰り返す。

B | Dead Lift
デッド・リフト

▼
二の腕
＆背中

50 REPS

準備するもの：
2ℓペットボトル×2本

1.両手にペットボトルを持って足を肩幅に開い
て立ち、膝を曲げる。2.ペットボトルのキャップ
を床につけたらすぐに膝を伸ばして立ち上がる。
これを繰り返す。

C | Over Head Squat
オーバー・ヘッド・スクワット

▼
脚＆ヒップ
＆二の腕

25 REPS（右手）**25 REPS**（左手）

準備するもの：
2ℓペットボトル×1本

1.足を肩幅に開いてまっすぐ立ち、右手に持っ
たペットボトルを肩の真上にまっすぐ上げる。左
手は前に伸ばしてバランスを取る。2.お尻を引
いてスクワットしたら元に戻る。指定回数行った
らペットボトルを左手に持ち替えて同様に。

年　　　　月　　　　日

▽ 4 rounds of：**A** + **B** + **C**

A　D. B.Snatch　ダンベル・スナッチ

30 sec ON / **15** sec REST

▼
二の腕&
背中&ヒップ

> **左右リズミカルにウエイトを上げ下ろし！**

準備するもの：
2ℓペットボトル
×1本

1
肩幅より広めに足を開いて立ち、
床に置いたペットボトルを
片手でつかむ。

2
上体を起こしながら、
ペットボトルを
一気に持ち上げる。

3
頭の上までまっすぐ上げきったら
1に戻り、反対も同様に。
右で1回、左で1回とカウント。

B　Thruster　スラスター

▼
脚&ヒップ
&二の腕

30 sec ON / 15 sec REST

準備するもの：
2ℓペットボトル×2本

1 **2** **3**

1.両手に持ったペットボトルを肩のポジション
に。2.お尻を引いて膝を曲げてスクワット。3.膝
を伸ばして立ち上がる勢いを使って、頭の上まで
一気にまっすぐペットボトルを上げる。

C　Sit Up　シット・アップ

▼
腹筋

30 sec ON / 15 sec REST

準備するもの：バスタオル

1 **2** **3**

1.仰向けになり、腰の隙間にバスタオルを敷く。
腕を上げて、足裏同士をつける。2.腕の反動を使
い、つま先をめがけて上体を起こす。3.完全に起
き上がり、つま先にタッチ。1に戻って繰り返す。

年　　　月　　　日

Sets 10-9-8-7-6-5-4-3-2-1 : **A** + **B**

A Cluster
クラスター

脚&ヒップ
&二の腕

準備するもの:
2ℓペットボトル
×2本

全身をバランスよく使って!

 **1**　 **2**　 **3**　　 **4**

1.ペットボトルを両手に持ち、キャップが床につくまで前傾姿勢に。2.股関節の進展を使って立ち上がる。
3.ペットボトルを肩に持ち上げながら、お尻を引いてスクワット。4.そのまま立ち上がって、ペットボトルを
頭の上までまっすぐ上げる。

B Weighted Toe-Tap
ウエイテッド・トウ・タップ

腹筋
&背中

頭でなく下腹部を使って上体を持ち上げる

準備するもの:
2ℓペットボトル×1本

 **1** 　 **2**

仰向けに寝て、ペットボトルを頭の上で持つ。
腹筋を使って両脚を90度まで上げる。

つま先はフレックスの状態で、
ペットボトルでタッチ。

年　　　　月　　　　日

▽ 2 rounds of： 7min AMRAP： **A** + **B** + **C**
REST 3min30 b/t sets

A — Over Head Lunge
オーバー・ヘッド・ランジ

▼
脚&ヒップ
&二の腕

10 REPS

準備するもの：
2ℓペットボトル×1本

1. まっすぐ立ち、両手で持ったペットボトルを頭の上へ。腕はまっすぐ伸ばす。2. 腕はそのまま、右脚を踏み出し膝を曲げる。後ろの膝は床につける。1に戻り、反対の足も同様に。右で1回、左で1回とカウント。

B — Over Head Squat
オーバー・ヘッド・スクワット

▼
脚&ヒップ
&二の腕

5 REPS（右手）5 REPS（左手）

準備するもの：
2ℓペットボトル×1本

1. 足を肩幅に開いてまっすぐ立ち、右手に持ったペットボトルを肩の真上にまっすぐ上げる。左手は前に伸ばしてバランスを取る。2. お尻を引いてスクワットしたら元に戻る。指定回数行ったらペットボトルを左手に持ち替えて同様に。

C — Rockies
ロッキース

20 REPS

▼
腹筋
&ウエスト

右、左、とリズミカルに

準備するもの：
2ℓペットボトル×1本

1. 膝を立てて座り、脚を浮かせる。ペットボトルを両手ではさむように持つ。

2. ひじを張り、顔と足先は正面のまま、腰を右にツイスト。

3. 左にツイスト。右にひねって1回、左にひねって1回とカウント。キツければ水の量を減らしても。

FINAL STAGE

ステージ10

MISSION

「強い意志」と「自分への自信」。
2つの武器を手に入れよう

MESSAGE FROM AYA

ついにファイナルステージ！ ここまでたどり着いた努力と精神力で、最後の10日間も一気に走り抜けましょう。100日目、各ステージを確実にクリアしてきた強い意志と、「なりたい自分になる」という目標を達成した自信があなたには備わっています。これからの人生で、どんなに大きな壁が立ちはだかったとしても、この2つの武器でもって、必ず乗り越えられるはず！

▽ 2 rounds of ： A + B + C

A Mountain Climber
マウンテン・クライマー

50 REPS

全身を引き締めながら脂肪燃焼

1
腕立ての姿勢からスタート。
手は肩の真下で、
顔は正面を向く。

2
弾みをつけて
右足で軽く床を蹴って
膝を前に出し着地。

3
右足を戻すと同時に
左膝を前に出して足を入れ替える。
右で1回、左で1回とカウント。
リズミカルに繰り返す。

B Dead Lift
デッド・リフト

▼
二の腕
＆背中

50 REPS

準備するもの:
2ℓペットボトル×2本

1.両手にペットボトルを持って足を肩幅に開い
て立ち、膝を曲げる。2.ペットボトルのキャップ
を床につけたらすぐに膝を伸ばして立ち上がる。
これを繰り返す。

C Rockies
ロッキース

▼
腹筋
＆ウエスト

50 REPS

準備するもの:2ℓペットボトル×1本

1.膝を立てて座り、脚を浮かせる。ペットボトル
を両手ではさむように持つ。2.ひじを張り、顔と
足先は正面のまま、腰を右にツイスト。3.左にツ
イスト。右にひねって1回、左にひねって1回と
カウント。キツければ水の量を減らしても。

DAY **92**

年　　月　　日

🕐 7min AMRAP : A + B + C

A　Butt Kick
バット・キック

30 REPS

1.両手を腰に当ててまっすぐに立つ。2.片足で軽く跳ねながら反対足かかとでお尻をタッチ。3.反対も同様に。これを繰り返す。右で1回、左で1回とカウント。

B　Ab Bike
アブ・バイク

▼
腹筋
&ウエスト　20 REPS

1.仰向けになり、両手を耳のあたりに置く。2.腹筋を使って上体を起こして右にひねりながら、右膝と左ひじを近づける。左脚は床から浮かせたまま。反対も同様に。右で1回、左で1回とカウント。

C　Cluster
クラスター

10 REPS

▼
脚&ヒップ
&二の腕

これがこなせたら上級者！

準備するもの：
2ℓ ペットボトル
×2本

1.ペットボトルを両手に持ち、キャップが床につくまで前傾姿勢に。2.股関節の進展を使って立ち上がる。3.ペットボトルを肩に持ち上げながら、お尻を引いてスクワット。4.そのまま立ち上がって、ペットボトルを頭の上までまっすぐ上げる。

FINAL STAGE

119

A
Russian Swing
ロシアン・スイング

▼
脚&ヒップ

20 REPS

準備するもの：
2ℓペットボトル×2本

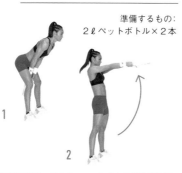

1

2

1.肩幅に足を開いて立ち、ペットボトルを両手にそれぞれ持つ。お尻を後ろに引く。2.ペットボトルを肩の高さまで上げる。腕で振り上げようとするのではなく、股関節を前に突き出す勢いで上げる。

B
Burpee
バーピー

10 REPS

1
3
2
4
5
6

1.両足を肩幅に開き、膝を曲げて、両手を肩幅で床につく。2.両足で床を軽く蹴り、揃えて後ろに伸ばす。3.ひじを引き、胸を床に。4.両腕の力を使ってカラダを押し上げる。5.手をついたまま軽く床を蹴り両膝を前に。両足を開いて両手の手前で着地。6.立ち上がり、両手を上げてジャンプ。

C
D.B.Snatch
ダンベル・スナッチ

20 REPS

▼
二の腕&
背中&ヒップ

準備するもの：
2ℓペットボトル
×1本

ウエイトを上げたら体幹でキープ

1
2
3

肩幅より広めに足を開いて立ち、床に置いたペットボトルを片手でつかむ。

上体を起こしながら、ペットボトルを一気に持ち上げる。

頭の上までまっすぐ上げきったら1に戻り、反対も同様に。右で1回、左で1回とカウント。

年　　月　　日

▽ 4 rounds of：A + B

A　Over Head Squat
オーバー・ヘッド・スクワット

20 sec ON / 10 sec REST

▼
脚&ヒップ
&二の腕

ウエイトを持たない腕は床と平行に

準備するもの：
2ℓペットボトル×1本

1.
足を肩幅に開いてまっすぐ立ち、
右手に持ったペットボトルを
肩の真上にまっすぐ上げる。
左手は前に伸ばして
バランスを取る。

2.
お尻を引いてスクワットしたら
元に戻る。指定回数行ったら
ペットボトルを
左手に持ち替えて同様に。

1セット目、3セット目は右手、
2セット目、4セット目は左手。

1　　2

B　Ab Bike
アブ・バイク

20 sec ON / 10 sec REST

▼
腹筋
&ウエスト

リズミカルに左右をスイッチ！

1
仰向けになり、
両手を耳のあたりに置く。

2
腹筋を使って上体を起こして右に
ひねりながら、右膝と左ひじを近づける。
左脚は床から浮かせたまま。
反対も同様に。
右で1回、左で1回とカウント。

年　　　　月　　　　日

≡ Sets 30-20-10：**A** + **B** + **C**

A
Double D. B.Snatch
ダブル・ダンベル・スナッチ

▼
二の腕&
背中&ヒップ

正しいフォームで全身を引き締め!

準備するもの：
2ℓペットボトル
×2本

1.
足を肩幅より広めに開いて
立ち、床に置いた
2本のペットボトルを
左右の手でそれぞれつかむ。

2.
上体を起こしながら、
ペットボトルを
一気に肩の前まで
持ち上げる。

3.
頭の上まで
まっすぐ上げたら
1に戻る。

B
Front Rack Lunge
フロント・ラック・ランジ

▼
脚&ヒップ

準備するもの：
2ℓペットボトル×2本

1.両手にペットボトルを持ち、肩のポジション
に。2.右脚を大きく前に一歩踏み出す。右足で床
を押して1に戻り、左足も同様に。右で1回、左で
1回とカウント。

C
Push Up
プッシュ・アップ

▼
二の腕
&背中

1.腕立ての姿勢に。手をつく位置は肩の真下。
2.脇を締めたままひじを引き、胸を床につける。
3.手のひらで床を押し、ひじを伸ばして腹筋を使
い、1に戻る。

A — Thruster
スラスター

脚&ヒップ
&二の腕

▼

12 REPS

準備するもの：
2ℓペットボトル×2本

1.両手に持ったペットボトルを肩のポジションに。2.お尻を引いて膝を曲げてスクワット。3.膝を伸ばして立ち上がる勢いを使って、頭の上まで一気にまっすぐペットボトルを上げる。

B — Weighted Toe-Tap
ウエイテッド・トウ・タップ

腹筋
&背中

▼

12 REPS

準備するもの：
2ℓペットボトル×1本

1.仰向けに寝て、ペットボトルを頭の上で持つ。腹筋を使って両脚を90度まで上げる。2.つま先はフレックスの状態で、ペットボトルでタッチ。

C — Cluster
クラスター

12 REPS

脚&ヒップ
&二の腕

▼

しっかりお尻を落としてから立ち上がる

準備するもの：
2ℓペットボトル
×2本

1.ペットボトルを両手に持ち、キャップが床につくまで前傾姿勢に。2.股関節の進展を使って立ち上がる。3.ペットボトルを肩に持ち上げながら、お尻を引いてスクワット。4.そのまま立ち上がって、ペットボトルを頭の上までまっすぐ上げる。

A　Star Jump
スター・ジャンプ

50 REPS

1 　　2 　　3

1.足同士をつけてまっすぐ立つ。両手は太もも
の横に。2.ひじを曲げ手のひらを正面に向けて上
げるのと同時に、足を開きながら小さくジャンプ
して着地。3.小さく跳んで1の基本姿勢に戻り、
ふたたびジャンプ。

B　Press Hold Leg Raise
プレス・ホールド・レッグ・レイズ

▼
腹筋
&二の腕

50 REPS

準備するもの:
2ℓペットボトル×1本

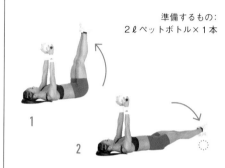

1

2

1.仰向けに寝て、ペットボトルを両手で持ち、真上に
上げる。両脚を90度アップ。2.両脚を床ギリギリ
までダウン。脚を伸ばしたまま上げ下げを繰り返す。

C　Rock Climber
ロック・クライマー

100 REPS

息が上がっても、限界まで挑戦!

1

腕立ての姿勢からスタート。
手は肩の真下で、
顔は正面を向く。

2

弾みをつけて右足で
軽く床を蹴って膝を前に出し、
ひじとつくくらいの位置で着地。

3

右足を戻すと同時に左膝を
前に出して脚を入れ替える。
右で1回、左で1回とカウント。
リズミカルに繰り返す。

$\triangledown$ 4 rounds of : A + B + C

A Squat Clean
スクワット・クリーン

30 sec ON / 15 sec REST

脚&ヒップ
&二の腕

キツいウエイトトレーニングにも負けないカラダに

準備するもの:
2ℓペットボトル
×2本

1.ペットボトルのキャップが床につくまで前傾。2.股関節の伸展を使って立ち上がる。3.ペットボトルを持ち上げて肩にのせながら、お尻を引いてスクワット。4.そのまままっすぐ立ち上がる。1に戻って繰り返す。

B Press
プレス

二の腕
&背中

30 sec ON / 15 sec REST

準備するもの:
2ℓペットボトル×2本

1.両手に持ったペットボトルを肩のポジションに。2.一気に腕を伸ばしてペットボトルを持ち上げる。これを繰り返す。

C Thruster
スラスター

脚&ヒップ
&二の腕

30 sec ON / 15 sec REST

準備するもの:
2ℓペットボトル×2本

1.両手に持ったペットボトルを肩のポジションに。2.お尻を引いて膝を曲げてスクワット。3.膝を伸ばして立ち上がる勢いを使って、頭の上まで一気にまっすぐペットボトルを上げる。

DAY **99**

年　　　　月　　　　日

Sets 10-9-8-7-6-5-4-3-2-1 : A + B

A Burpee
バーピー

腕立て＋ジャンプもスムーズになってきたはず！

1. 両足を肩幅に開き、膝を曲げて、両手を肩幅で床につく。2. 両足で床を軽く蹴り、揃えて後ろに伸ばす。3. ひじを引き、胸を床に。4. 両腕の力を使ってカラダを押し上げる。5. 手をついたまま軽く床を蹴り両膝を前に。両足を開いて両手の手前で着地。6. 立ち上がり、両手を上げてジャンプ。

B Clean & Press
クリーン&プレス

▼
二の腕&
背中&脚

股関節もなめらかに使って

準備するもの：
2ℓペットボトル×2本

1
両手に持った
ペットボトルのキャップ
を床につける。

2
股関節の伸展を使って、
床から一気に持ち上げて
ペットボトルを肩にのせる。

3
さらに腕を
まっすぐ伸ばして、
頭の上に上げる。

DAY **100**

年　　　月　　　日

▽ 2 rounds of : 7min AMRAP : A + B + C
REST 3min30 b/t sets

A

Double D.B.Snatch
ダブル・ダンベル・スナッチ

12 REPS

▼
二の腕&
背中&ヒップ

> 自信を持ってやり遂げて！

準備するもの：
2ℓペットボトル
×2本

1.
足を肩幅より広めに開いて
立ち、床に置いた
2本のペットボトルを
左右の手でそれぞれつかむ。

2.
上体を起こしながら、
ペットボトルを
一気に肩の前まで
持ち上げる。

3.
頭の上まで
まっすぐ上げたら
1に戻る。

B

Front Squat
フロント・スクワット

▼
脚&ヒップ

12 REPS

準備するもの：
2ℓペットボトル
×2本

1.足を肩幅に開いて立ち、両手に持ったペットボ
トルを肩のポジションに。2.お尻を引きながら、
膝を曲げる。

C

Seated Row
シーテッド・ロウ

▼
二の腕&
背中&腹筋

12 REPS

準備するもの：
2ℓペットボトル×2本

1.脚を前に伸ばして床に座る。ペットボトルを左
右それぞれの手で持ち、ひじを引く。2.お腹の力を
抜かず、肩の高さで、ペットボトルを前に突き出す。

AYA

1984年生まれ。フィットネスプロデューサー。トレーナーとしてタレント・モデルをはじめ、男女問わず身体への意識の高い多くのクライアントを担当し、絶大な信頼を寄せられている。またTV・雑誌などでも活躍中。著書に『AYAボディメソッド』『AYAボディメソッドBASIC』『AYAトレ30日チャレンジノート』『AYAトレの教科書』(講談社)ほか。

デザイン ｜ 吉田憲司＋矢口莉子(TSUMASAKI)
カバー・ファッション撮影 ｜ 神戸健太郎
ワークアウト撮影・動画撮影&編集 ｜ 林 桂多(講談社写真部)
ヘア&メイク ｜ 深山健太郎、福川雅顕(カバー)
マネージメント ｜ 前田正行、田中 亮、細渕暢之(YMN)

1日3分から。燃やす! 痩せる! 引き締める!
おうち<i>de</i>シェイプ AYAトレ100

2021年7月5日　　第1刷発行

著　　AYA

発行者　　鈴木章一

発行所　　株式会社講談社
　　　　　〒112-8001　東京都文京区音羽2-12-21
　　　　　販売☎03-5395-3606　業務☎03-5395-3615

編集　　株式会社講談社エディトリアル
　　　　代表　堺 公江
　　　　〒112-0013　東京都文京区音羽1-17-18　護国寺SIAビル6F
　　　　☎03-5319-2171

印刷所　　大日本印刷株式会社

製本所　　大口製本印刷株式会社